個性化告別式

會場規劃範例與設計

何冠妤 著

我的第一次
來不及害怕！

五南圖書出版公司 印行

【推薦序】

別具設計概念的會場規劃

國立政治大學殯葬禮俗授課教授　楊國柱

　　殯葬禮儀的作用在實現慎終追遠、社會教化以及表達孝思等目的，而這些抽象的目的要靠具象的儀式、空間安排以及器具的使用，方能讓參加儀式的家屬、親友行禮如儀，體會舉行儀式的真正意涵，加深對死者的客觀了解，留給在世者美好的印象，因此殯葬禮儀的重要性可見一斑。

　　回顧殯葬禮儀的教育與蓬勃發展，迄今不過五年，其中所涉及到的專業，複雜而繁多，有的專業如禮俗禮儀方面，歸屬在大學的中國文學教育，殯葬政策與法規因應時空變遷，由政府部門做適度調整，均獲得較好的專業累積與發展。至於遺體美容、殯葬會場規劃設計及殯葬音樂等專業，直到近幾年來國人生活水平提高，方日漸受到討論與重視。

　　我與冠妤在民國90年葬儀商業同業公會全國聯合會活動場合偶然相遇，互動了解之後，當時感到欣喜又驚訝，她們的公司竟然是從事殯葬會場的規劃設計，而且是突破傳統殯葬文化的窠臼，在設計上不

僅加入了死者的生活背景、偏好與需求等個性化理念，作為會場規劃設計之考量。我第一次接觸到這樣的殯葬專業訊息，如獲至寶，就在曾經服務於寶山禮儀公司及龍巖人本公司的李慧仁小姐的引領之下，擇期參訪了冠好服務的自由風視覺傳播有限公司，對於該公司的專業努力有更深一層的認識。之後的三、四年期間，我協助該公司的業務觸角延伸到台北地區，並推薦冠好到台北國立護理學院的殯葬禮儀推廣教育進階班，擔任講師一職，本書的內容可以說是冠好的實務經驗與授課心得的總結晶，非常值得從事殯葬禮儀專業的朋友及關心殯葬文化提升的國人參考閱讀。

將個性化殯葬會場規劃設計的專業集結出版、公諸於世，是我與冠好在閒聊之間的提議，想不到竟然化為行動，實現夢想，與有榮焉。美國太空人阿姆斯壯首次登陸月球的第一句話說：「我的一小步就是人類的一大步」。殯葬文化的改革與提升，牽涉到的層面非常廣泛，必須要不同專業扮演好螺絲釘的角色，才能共同完成。但願冠好此書的出版能夠發揮拋磚引玉的效果，鼓勵更多殯葬稀有專業的積極出版，以期有助於殯葬專業的成果累積與教育傳承。

【推薦序】

藏得住現代與禮俗，
藏不住現代與創意

台北護理學院生死教育與輔導研究所教授兼所長

曾煥棠

　　何小姐是本校從2003年開辦殯葬研習班之後，任教於新單元——「個性化殯葬會場規劃設計」，以有別於「傳統及一般的會場規劃」，當時是楊國柱教授極力推薦。她任職於自由風視覺傳達有限公司擔任總監。雖然她住高雄，卻能夠應允前來講授，真是感謝。

　　何小姐的課是本校該班中相當受業界學員歡迎的單元之一，原因無它，就是該課新穎、有創意，能夠將現代文學、美學、個人生命回顧一覽無遺的在喪禮中表現，那種讓人耳目一新的感覺正是符合生死教育中提倡的殯葬改革與喪禮革新，同時也激發業者要以新觀念來學習現代文學與殯葬文書、藝術與美學、生死學、禮俗、電腦應用概論、失落與悲傷的關懷等，最重要的是，要將這些整合在短短二小時左右告別式的會場設計與規劃，是喪禮服務中最能感動人也是最能夠表現出喪葬專業的與眾不同。

　　欣聞何小姐要將她多年來的努力成果，出輯成冊

以供專業及一般人士閱讀，個人內心覺得相當敬佩，並誠盼這本書能夠帶動華人世界的殯葬新風潮。因為「故人已去，往事回味要付諸在回憶、緬懷與感傷當中」。何小姐和其工作團隊所塑立的典範，將來也必在喪葬教育的歷史中，占有相當重要的貢獻地位。

【推薦序】

用創意形式呈現溫馨的氣氛

中華民國葬儀商業同業公會全國聯合會理事長

王志成

　　「提升殯葬文化，推廣國內外貿易，促進經濟發展，協調同業關係，增進共同利益」，是中華民國葬儀商業同業公會全國聯合會的宗旨。

　　殯葬文化自古至今都受到世界各國的極端重視。尤其是我國以倫理為本，注重孝道，其慎終追遠的思想行為，更是深植人心。無論東方或西方，其葬儀習俗最終目的都是希望亡者安祥、平靜，而生者得以放心並祝福。隨著時代變遷，禮儀風俗習慣慢慢的簡化，人們在視覺設計上，就更有自己的主見，希望擺脫傳統，尤其在親人告別會場的布置更是希望以莊嚴、溫馨、簡單但又有創意的形式來呈現。

　　禮儀是門深奧但又值得去研究的科目。而從事視覺傳達廣告設計的何冠妤老師，不僅擁有廣告的專業知識並深入探討殯葬會場的規劃與設計，以實際經驗為學術教學，並在大家的期待之下完成台灣殯葬禮儀的第一本禮儀美學──《個性化告別式會場規劃範例

與設計》的教科書，這本書不僅是專業的會場布置規劃書，更是何老師的團隊累積多年的經驗，以實際告別會場的設計作品做為實務教材，跳脫傳統陰森的感覺，以詩詞追思、圖像回憶達到悲傷輔導、教化社會的意義。讓每一位亡者都能有尊嚴的走完人生最後一程。

《個性化告別式會場規劃範例與設計》一書，不只提供給專業布置人員參考，更是禮儀師必備的專業書籍。本書圖文並茂，化繁為簡；為故人建造一座美麗新世界，為家屬圓一個了無遺憾的夢境。相信每位專業（從業）人員閱讀後，必能受益良多，亦能提升專業技能。內容並提到會場布置的要點，還有個性化告別式設計的內容，與了解如何和家屬溝通、協調的技巧，以深入淺出、生動、感性的說故事方式，讓讀者能在每個案例中了解。這不僅是學界所期待的一本書，更是台灣業界的（前鋒）第一本。

《個性化告別式會場規劃範例與設計》一書，將為台灣殯葬禮儀寫下新（心）的一頁，引領時代的潮流。

【自序】

我的第一次來不及害怕

何冠妤

　　從事廣告業已有八、九年，創新對廣告人來說幾乎是每天的口號，因為沒有創新、創意，便沒有強而有力的美麗作品，也就沒有業務，所以玩創意是每天工作內容的一部分，但當接觸到一個從來都沒想過的行業，要去玩創意真的覺得太酷了，真不知如何下手，雖然這行業是這……麼……的特別，對一般人而言會讓人敬而遠之。但當了解後，你會發現它不只是做功德，更是發揮創意的好行業。雖然非常辛苦（必須要有很大興趣及毅力），它富有的精神及意義是讓我繼續堅持、研究下去的理由。

　　四、五年前接到某紀念公園簡介的拍攝，這項工作開啟了我與禮儀結下不解之緣，常常家屬、朋友、學生都會問一句話：「你從事這樣的行業不會害怕嗎？」（我是不是讓人覺得很膽小呢？）告訴你們，我真的來不及害怕就已進入這一行了。

　　在工作的某一天，接到朋友的來電得知朋友媽媽肝癌往生了，心想這位媽媽她辛苦了大半輩子，當她可以

開始享福卻發生這樣令人遺憾的事情，而我們這群朋友就這樣開始進行一項不可能的任務，就是要在告別式之前一個星期內把所有的事物完成，從幫這位媽媽寫一本書（自傳）、會場設計布置、追思走廊規劃、到紀念光碟製作（她的子女們希望媽媽辛苦了一輩子，在她人生最後一程能為她打扮得漂漂亮亮，且有尊嚴的走完人生）。而我們做到了，我們幫愛美的媽媽精心設計一場她人生最後的畢業典禮，雖然大家不眠不休且已疲憊不堪，但看著我們努力打造出來的成果，轟動整個殯儀館的一場典禮（一切都值得了），我們成功的達成任務，完美的呈現顛覆了整個殯葬業，所以……我的第一次真的來不及害怕。

　　然而，就這樣開始了我的禮儀美學，在從事的過程中，當然也面對一些是科學無法解釋的問題，是巧合、是冥冥之中……這一連串的故事都是我前所未有的，更是讓我感受到做好事就會有好報的道理，目前在大學、學院講課「個性化告別式會場設計與規劃」，因此結

與學生互動的上課實況。

識了禮儀公會、學界的朋友、教授老師們，也讓我有機會把這樣的理念傳送出去，分享給更多的業界朋友、學生、家屬。

這本書不僅是分享給相關行業的人，更希望一般大眾能夠了解，大家一起共同來提升台灣殯葬文化，打破忌諱談生死問題，因為它也是件「終身大事」，如同我寫的一篇文章「遺囑——用自己的方式向生命揮別」，計劃好自己的終身大事，避免日後子女不知所措，為了用何種方式或宗教問題而爭吵，在此提供小小的創意，冀盼會有大大的改變，雖然這個行業的工作讓我產生許多的問號，但當我了解越多時，發現的問題就越多，希望能擺脫傳統，擺脫人們對於喪禮的禁忌、害怕與迷思。

從廣告設計師到禮儀設計規劃講師的角色，讓我成長很多，更體會到人生悲歡離合，了解死亡並不可怕，

可怕的是錯誤的觀念與鄉愿的想法，希望能結合政府、學界、業界的力量讓台灣的殯葬文化成為一門課程、一種美學。

作者何冠妤老師攝於佈置會場。

Content
目 錄

目
錄

【楔子】

不隨俗，走自己的路

1997年南華大學成立臺灣第一所「生死學研究所」，喚起國人對於生死的課題，開始有著不同的看法，近年來，不僅學校紛紛設立生死學系，政府機關更是加強輔導禮儀人員的文化素養及專業課程，而社會大眾也開始意識到殯葬禮儀提升的必要。本書針對殯葬禮儀的「會場設計規劃」與生死學裡的「悲傷輔導」提出不同

南華大學生命禮儀研習班。

的看法；並針對大眾（家屬）心理需求，用不一樣的方式表達對故人的思念，希望達到「安生者之心，慰亡者之靈」。

《殯葬個性化告別式會場規劃範例與設計》一書，強調個性化、溫馨化，讓殯葬禮儀不再是件可怕的事，而是讓親人更有尊嚴的走完人生最後一程。回顧傳統儀式裡的黑白遺照、訃聞、到告別會場規劃

設計，我們跳脫傳統的陰森害怕，讓家屬在面對這最後的一刻，能夠把內心真心的情感表達出來，讓自己親人的倩影也能如同徐志摩先生的詩詞一般優美。內容並提到專業設計及會場規劃的實際經驗重點，是布置人員及禮儀師參考的專業書籍，更是讓一般大眾了解死亡並不可怕，只是不知如何規劃、用何種方式而已。也相信這本書可為我們殯葬禮儀的提升帶來加分效果，更是為告別會場設計布置跨出成功的一步。讓臺灣殯葬文化也能像日本及西方國家有著溫馨、高雅的氣息及獨特的文化。

這本書不僅希望內容擺脫傳統，更希望在教科書上跳脫制式化，用實際經驗來帶入課程，讓教科書像一本詩文，讓老師不再用嘴教書（照本宣科），而是用心教書（春風化雨）；用詩句美化告別會場，不添加太多理論、宗教術語及專業用詞，力求淺顯易懂，是一本新式的、符合現代的殯葬會場美學的書籍，在本書最後談到「遺囑──用自己的方式向生命揮別」，期望每一個人安排好自己的身後事，才不會讓自己的親人或子女為了用何種方式告別或宗教信仰問題而爭吵。並教育大眾用感恩及追思的心面對死亡，了解死亡是一件很自然的事，而「珍惜」現在、彼此，才是值得我們去關心重視的。

在寫作及從事禮儀美學也發生一些特別的小插曲（很多是科學無法解釋的），作者以小文章的方式與讀者分享（並無特殊引述）。

作者經由設計到殯葬禮儀美學，將學到的專業及實例彙集、設計提供學界、社會大眾更多人分享，未來更希望規劃出更經濟、環保的會場與儀式。另外本書實例因針對不同宗教及家屬需求規劃設計，如有不符宗教、儀節之處，敬請包涵；期望更多的人一起努力，並祈各位業者、先進給予指正。

1 回顧傳統禮俗・儀式

生死是一個輪迴，每天都有人出生、有人死亡。
生是歡喜的，人總喜歡接近喜事，迎接快樂。
而死是令人悲傷、恐懼的，
卻也是忌諱談論、封閉、害怕的，
更不用說討論研究。

近年來，已有多所大學陸續開設了相關的「生死學」科系等，談到生死學禮儀是一個相當複雜的議題，尤其是傳統的儀式更是門深奧的課程。在中國古代是重鬼神的時期，人們喜好隆喪厚禮，有些更是使用人殉、人牲陪葬等毫無秩序的流行厚葬之風，加上歷代的禮儀習俗繁雜，治喪的儀式越來越隆重熱鬧，陣頭形式更是讓人看到眼花，很難去理解真正的文化本質。在寫作的過程，我找了許多相關資料，其中黃文博校長著的《台灣人的生死學》提到：「十里不同風，百里不同俗」，出了庄，習俗往往就有差異，這倒是真的。從南到北，光是禮俗就了解不完，翻開陳年的相本就會發現傳統的禮俗、儀式各式各樣；印象深刻有五子哭墓、牽亡歌陣、過橋、弄鐃、唐三藏取經表演等等……。但西式就簡化多了，西式大部分以唱詩歌、布道、追思彌撒、告別禮拜為主，內容較為簡單。不同的民族文化背景，喪禮的形式也就有所差異。隨著時代的進步，生活步調越加快速，使得大眾對於治喪事宜也就越來越簡單化了，但我們總會覺得缺少了什麼，甚至於會想：還能替親人做些什麼，好讓心裡有所安慰、讓思念的心得到慰解呢？

　　以下，我找了一些傳統禮俗、儀式的資料來回顧過去，發現到社會的提升與改變。

1. 民國61年—紙紮
2. 唐三藏取經
3. 法事
4. 牽亡歌
5. 五子哭墓

出殯隊伍

回顧傳統禮俗、儀式

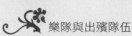
樂隊與出殯隊伍

民國73年

023

談傳統與創新──遺照

殯葬，是一個令人既陌生又恐慌的名詞，這個領域往往令人未知而又遙不可及，總是要到碰上了才抱著不得已的心情去處理。而遺照，雖然只是一張微不足道的照片，但就家屬的心情來說，它卻是一個關鍵（key point），因為這張照片並不會隨著儀式的結束而消失，而是陪著家屬走到盡頭。

傳統的遺照總是令人感覺嚴肅陰森，以前只要有喪禮在路邊搭棚，一般人一定繞道而行，因為看到相片便害怕，怕被沖到（因為相片是黑白的，而且是大頭照，真的很嚴肅，讓人感覺不舒服而產生畏懼），所以，我們可以採用另外一種方式，將照片加上個性化背景、分宗教別（道教、佛教、基督教、天主教）等……，或把生活照拿來做設計，讓它變成一張溫馨又有藝術感的遺照相片，讓人們看到會忍不住的感動、讚美：原來遺照也可以很和藹可親！這不就是表現往生者的尊嚴嗎？排除一般人害怕、毛骨悚然的感覺，讓去拈香的人可以再次看見往生者熟悉的笑容。

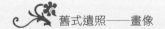
舊式遺照──畫像

舊式與新式遺照比較

（舊）　　　　　　　（新）——佛教

（舊）黑白　　　　　（新）加彩後——佛教

（舊）黑白

（新）加彩

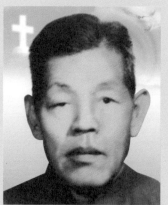

（新）加上背景設計——天主教

（舊）

（新）──佛教

舊式與新式遺照
比較

創意燈箱遺照

傳統的告別式場

典禮開始奏哀樂……，印象中的傳統告別式會場，是一朵朵的塑膠花，是一層層的階梯，上面布置著花、水果、酒類、飲料，好像越豪華就越多層。隨著時間慢慢的轉變，式場布置變成一片片的菊花海，花海中豎立著一張焦距不是很清楚的黑白半身照片，要看豪華程度，總是在比較花海的大小、花的數量，當然也有簡易式的一張桌子即可。不同的宗教也有著不同的布置方式，佛教講究氣氛祥和寧靜，以佛聲為亡者助念，讓心靈平靜安祥，布置以黃色為主（包含布幔）。道教則是以民俗儀式、陣頭較多，排場樣式變化大。而西式天主教、基督教喜愛簡單，以素雅白色系列花材為主，不用祭品、沒有罐頭山、不掛輓聯，而是著重於追思。隨著時代的變遷，殯葬的儀式並非一成不變，只是我們往往沒有深入的思考，未著重教育及宣導。我個人是主張溫馨喪禮，由心做起，規劃重點則是「簡單、溫馨、有意義」。

以下我又找了一些資料，讓我們一起來回顧傳統的告別式場吧！

家祭會場

公祭會場

告別式場

 告別式場

 告別式場

民國61年——人力扛棺。

從人力扛棺到舒適進口禮車——代表時代的變遷。

2 與禮儀美學的相遇

一件完美的作品真的會令人感動，
會忘記寂寞、忘了忌諱，不管設計或題詩都分春夏與秋冬，
才能呈現出不同的風格與感受，
禮儀美學的工作是一份令人感動的工作，
是教化社會、輔導家屬心靈平靜的工作。

春有百花秋有月，夏有涼風冬有雪。
若無閒事掛心頭，便是人間好時節。

——慧開禪師

一段觸動心靈的好詩，感恩這自然宇宙創造了四季與黑夜白晝，因為這是靈感的源頭。晨曦的風吹上心頭、清甜空氣穿越鼻尖、香馥的玫瑰弄蜂飛舞、蟬語配著樂音奏合，喚醒工作至凌晨才入睡的疲憊心靈，抬頭凝望溫馨入映、典雅入鏡，有一股說不出的歡喜，那就叫最美的相遇。

一件完美的作品真的會令人感動，會忘記寂寞、忘了忌諱，不管設計或題詩都分春夏與秋冬，才能呈現出不同的風格與感受，禮儀美學的工作是一份令人感動的工作，是教化社會、輔導家屬心靈平靜的工作，從事禮儀設計工作，常常會聽到家屬、禮儀師、工作人員問許多的問題：為什麼？是誰？要如何？這也是我常常思考的課題。

現在我們先揭開殯葬規劃的神秘面紗，分析禮儀美學的奧祕吧！而在執行中常遇見的問題，須把它分為五個重點——5W1H來做分析：

1.Who—誰：首先我們要了解主角是誰？是男、是女？老人、中年、小孩？是親人、情人、朋友？不同的年齡、身分，用不同的規劃方式，了解角色、搭配顏色、了解背景、設計個性，要記住第一個步驟先了解「Who」。

2.When—何時：什麼時間、日期，這是我常問的一件事，也是從事禮儀美學必須要注意的項目。深覺上帝對每一個人最公平的，就是給每個人一天都有二十四小時，但這二十四小時對我來說是非常寶貴的，有時一件工作的完成，所給予的時間是相當吝嗇的，大約五～七天左右，甚至還曾遇到僅有兩天的工作時間，讓我們常常自覺是在做不可能的任務。

一件完美的作品，事實上是需要時間、思考與討論，俗話說：「慢工出細活」，但往往禮儀的工作卻都不是如此，一旦日期決定就必須開始總動員，要把握每一分每一秒，像是在參加戰鬥營一樣，既緊張又刺激，又必須在短短的時間內呈現出最完美的作品，所以When一定要先確認，才能分配好所有的工作。

3.Where—何地：地點是決定一場告別式的設計要點，一般分館內或館外，館內是固定的，依照每個縣市殯儀館廳堂的空間來做規劃、設計，但館外就不一樣，變化比較大的規劃範圍，更是無設限，更可以依照家屬想要的方式設計。

基本上館外以搭棚比較多，如果不擔心下雨，當然也可以設計開放式的（只要天氣OK！），而館外帳棚搭的方式就可分為幾種不同的方式：(1)傳統藍色帳棚；(2)歐式帳棚；(3)最新帳棚等可任意造型的方式。

　　而館外的方式，要注意的事項則比較多一點，包含場地租借，尤其在自宅門口（路旁）必須先申請，但有些縣市或重要道路似乎就好像不能申請搭設這些儀式了。另外，還有告別式大小，一般可依照寄發訃聞數量的多寡來決定會場的尺寸大小，不能訃聞發了五、六百張，結果搭個16尺X40尺的帳棚（大約只夠50人座），這不只讓會場顯得擁擠，若在路邊還可能造成交通阻塞，那會讓家屬感覺是個很不專業的禮儀師或設計師，除非家屬不願意，否則我們一定要依照寄發訃聞數量及家族的人員來做最完善的規劃，也要做到告知義務，這才是專業表現。

　　場地是決定會場規劃設計的樣式，所以身為一個美學規劃

會場布置照片

者，一定要記得Where地點所需要的注意事項及重要性。

4. What一什麼：要設計規劃一個告別式會場，實在有太多要注意的事，每一件事都要用心、細心，更要去關懷，包含是什麼宗教？是什麼時候往生？什麼時候該做些什麼工作？雖然有些事看起來微不足道，但這些細節卻是設計上重要的因素，其中任何一個因素如果遺漏了，有可能方向錯誤造成感

覺不對，而無法滿足家屬內心深處的需求。

　　因為往生的時間不一樣，有可能文字內容的表現方式就會不同，尤其在收集資料的過程更是要去發現問題、主動發問，這是什麼？那是什麼？（否則在這個時間點上，家屬並不會主動告訴你相關事項，因為他們比你更亂、更不知道應該提供什麼資料給你），所以在執行過程中我發現一點：就是不只要用心、細心，更要當一位好奇寶寶，自己去挖掘問題，減少因為遺漏又得重頭再來的情況（這類問題很多人常常發生），記得出門前先準備資料及問題，要問什麼、採訪什麼（What）？

　　5.Why—為什麼：當一件完美的作品呈現時最常聽到的一句話——你「為什麼」這麼設計？總要給個理由，沒錯！一件成功的作品不只是要完美，更要賦予它生命、給予意義，它才能算是一件完美（Perfect）的作品。

　　以設計告別式會場來說，應依照往生者個人的出生背景、生活習慣及興趣、專長，或專業背景來做探討研究，找出最符合他的主題，最能表現他個人的風格及魅力，例如：我們設計過一位賣水果的媽媽，整個會場我們用了五彩繽紛當季最新鮮的水果和優美的花卉來做背景設計，整個會場綻放著芬芳的花果香，讓來參加告別式的每一個人，都沈溺在美麗又溫馨的氛圍裡，叫人感動又難以忘懷。

　　所以，不管設計任何作品，首先必須要找到主題，針對主題來決定設計的方向，尤其是這麼感性的設計規劃工作，更應該了解重點，讓家屬明白為什麼我們要這麼做，意義究竟在哪裡？讓家屬體會Why？為什麼？我為什麼要這麼做！

溫馨簡潔的會場

6.How─如何：如何讓人生最後的一場畢業典禮更溫馨更圓滿？

在每一項完美的作品呈現時，看似簡單但想必背後一定是創作人付出他們的時間、體力、智慧和許多夜晚換來的，真的要感謝愛好藝術的朋友們，讓我們有機會看到優美的作品得以呈現。

而身為一個禮儀規劃人員，必須要仔細觀察工作流程的每一個環扣、細節，從接案到圓滿達成，家屬和禮儀師、設計師，是緊密的、是合作的伙伴（Partner），要互相了解、配合，才能把治喪事宜規劃到百分百圓滿，不管是殯的部分、儀的部分、感性的或禮節的部分，都讓家屬感受到因為有你，所以溫馨、順心、放心。

尤其是告別式當天，更是整個殯儀的重頭戲，從硬體到軟體，服務人員的素質更是重要的一環，司儀、樂隊的聯繫溝通可不能馬虎，營造一個感性、溫馨的會場，更是禮儀師與設計師的責任，彼此應用最嚴謹、最認真的態度來處理，達到最臻完美的境界，以慰亡者之靈、安生者之心，讓人生最後的畢業典禮盡善盡美。

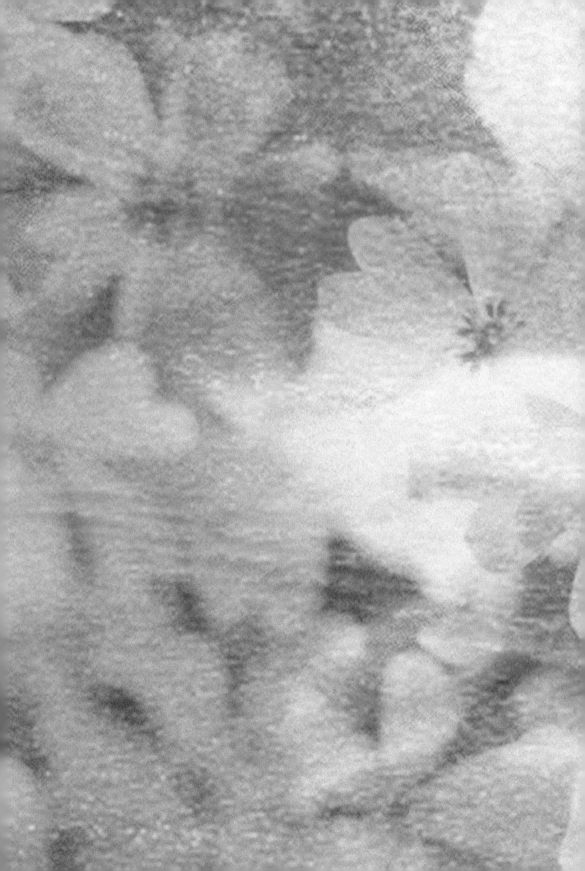

3 讓親人的倩影
如同徐志摩的詩一般

看過徐志摩的書或詩，
都會讓人印象深刻，不僅會記得他的浪漫，
感覺到他是蝴蝶、他是詩，但卻忘了他已經向世人告別，
忘了他飛機失事的那一刻，他的詩濃得化不開，
好似蝴蝶的衣衫，多姿多彩。
讓我們也把親人的倩影、故事
編撰成一首首美麗的詩篇，一起回憶吧！

看過徐志摩的書或詩，都會讓人印象深刻，不僅會記得他的浪漫，感覺到他是蝴蝶、他是詩，但卻忘了他已經向世人告別，忘了他飛機失事的那一刻，因為他把人生最精彩的畫面烙印每個人的心裡。他的詩濃得化不開，好似蝴蝶的衣衫，多姿多彩。他──徐志摩──留給我們最美的回憶和讚歎！

別以為蝴蝶是脆弱纖細的，在成蝶之前，牠必須經歷蛻變的痛苦與掙扎，而種種的苦難終將化成最美麗的風光，而人的一生不也是一樣嗎？要經歷學習成長，經歷磨練、挫折、大風大浪，才會有豐富的內涵、精彩的人生、成功的事業、傳奇的故事。讓我們也把親人的倩影、故事編撰成一首首美麗的詩篇，一起回憶吧！

 如詩般的告別式照片

如生照的意義 Portrait

如果紅塵是一種機緣
生命就該追尋無悔
照映出今世的光輝

　　如生照是代替遺照的名詞，可以解釋成——如同在生的遺照，雖然是一張小照片，但我們卻賦予它生命與意義。人的一生，從出生到圓滿，經歷了無數的磨練，有人功成名就、有人子孫滿堂，更有人在自己專業領域上創造自己的事業王國……等等，但要如何將它紀錄下來，讓子孫不會忘記呢？或許可以留下勉勵的話或座右銘等。子孫則可以讓親人照片如同明星海報般，大方放置於客廳，讓它成為一幅美麗的畫，讓到家裡來拜訪的親友亦有同感——這是我們努力的目標且我們做到了。

　　（以下為家屬對往生者的追思文字，每一張照片、名字都有簡單敘述註解，讓學生更容易了解設計規劃的概念）。

我的外婆「陳鳳」受日本教育，一生勤儉、熱心、奉獻，她告訴我們：人的一生最重要的是真實、不做壞事、過得快樂，這才是生命中最重要的事。

在一種不求回報的無私大愛中，為外婆的人生哲學寫下最好的註解，外婆留給我們的是用愛去寬容與信任，這將是最值得我們懷念的，我們會永遠記得外婆，記住她的慈愛、記住她的才華、記住她的付出與貢獻。雖然外婆已逝世，但我們仍然感受到她與我們同在。而愈是了解外婆的個性、風格及她的一生，我的心裡就愈懷念她，從外婆的生平、勇氣以及她所克服的一切，更教我對處理事情的態度做出正確的決定。當愈了解那一段歷史，則愈能讓我更以宏觀的角度看待自己的生命。

最後在每年聖誕節的夜晚（平安夜），希望每個家庭都能平平安安享受天倫之樂，而1998年的聖誕夜將是我一生中最珍貴的記憶。

勉勵話語：有書不讀子孫愚，有田不耕倉庫虛。

（為紀念慈愛的外婆，並著有一本陳年往事、鳳中奇緣傳記——《追思》）。

2

戀戀紅塵

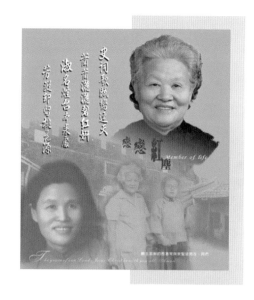

史詞歌賦響連天

蕭灑灑碧紅妍

淑名煙臺本來處

芳蹤卻留桃花源

　　2002年初冬的早晨，奶奶飛越虹彩天際……，為一畝田地收成揮汗如雨，為生活飽足，冒險犯難。一切的一切都只因為要過得更好，要成功、要幸福、要自由自在、更要──為生而自由。

　　史蕭淑芳奶奶享壽九十八歲，是一位跨越世紀、飽讀詩書歌賦的能幹女人，她為人瀟灑大方，是個美麗的奇女子，從山東煙臺到臺灣，經歷了歷史最堅難的年代，奶奶的一生充滿傳奇的故事，令我們懷念不已。孫子們個個想念奶奶親手做的魚丸湯，每一口都充滿奶奶滿心的慈愛與關懷。奶奶有時像是孫子們的生活導師，指引著他們人生的方向，雖然有萬般的不捨與懷念，但我們相信：安息主懷的奶奶是恬靜、快樂的，她追隨主的腳步，飛舞在美麗的桃花源裡，一生令子孫們引以為傲，永為榜樣，更讓我們懷念她！

　　來生再見了！我們最至愛的奶奶。

3

阡陌風塵

陳 迹佳釀蔗香醉　篳路藍縷夢幾回
兵 於亂世譽滿天　舍南舍北永相隨

　　春末初夏的早晨，車子從高雄出發，開了一個多小時來到北港鎮鹿場鄉村小路，從車窗上極目眺望只見飽滿的稻穗微微的低俯，像是歡迎著我們的到來，而隨風搖曳的香蕉樹映著遠方的花生田、小屋，熟悉的感覺彷彿又回到鄉下──自己的家鄉，純樸的農村可以看著牛耕田、農夫辛勤的耕作，陣陣傳來的稻穗香、花生香，真是令人難以忘懷的味道。

　　望著陳兵阿公的照片回憶著……，陳兵阿公生於貧困的農村，小時受教於私塾有深厚的國文素養，早年經歷戰事，當時敵軍轟炸北港糖廠使糖業停滯，很多人因此沒有工作，但阿公並不因此而閒置，他另開創一番事業，種花生和利用甘蔗研發釀製美酒，醇香遠播鄉里永被稱頌，雖然子女們因工作需分居天南地北，但每一個人懷念陳兵阿公的心將永不忘記。

④ 翔歌

日一更　夜一更
高飛修習暨大生
山一程　水一程
振翅遨遊看世塵
父一吻　母一吻
翔敬寄雁別語聲

　　高振翔同學——叫起這個名字感覺好熟悉、好親切，雖然不曾參與他的豐富人生，但和他卻好像是認識很久的老友，又好像他是鄰家的弟弟。這回，當我見到他的照片時，真的就想到告別式常用的輓聯詞句——「英年早逝」，心想怎麼了……。

　　我們都叫他振翔——暨南大學研究生，他的人緣很好，功課更是不用說，雖然小小年紀，但在社團和慈善活動都可經常看到他的身影。他曾越過高山、飛過海洋、走過許多國家，欣賞異國風情、藝術，當我採訪完才知道他的人氣可不是普通的好呢！不管是長輩、老師、同學，對他可都是讚譽有加，他的辭世真的令好多師長、同學覺得很不捨。我們發現他為了功課，日日夜夜的努力，只為了實現他的夢想。振翔有一個志願就是——當社會局局長，這是我們在整理他的資料時才發現的，他已經把他的人生規劃到了四十歲，真令人敬佩！所以生命不在乎長短而是精不精彩，但振翔過得真的很精彩，祝福這位鄰家的弟弟快樂的飛翔。

⑤
天鑰

高堂子孫滿門弟
　天助立業疼愛惜

李奈珍果甘露貽
　儉以養廉餘風儀

秀水福山映瑞芳
　人傑地靈滿情義

　　在一次的臺北之旅透過朋友介紹來到瑞芳鎮，一下車舉目望去，那霧濛濛的山景彷彿人間仙境，柔柔的風一吹更看見兩旁的野花微微的飛舞，好像向我們揮手歡迎，這是高大哥的故鄉，也是和他情感最濃厚的地方，因為疼惜他的阿嬤前幾天過世了，他心想曾經愛他、維護他、一切一切似乎還在腦海迴繞的阿嬤身影，如今已追隨佛祖腳步去佛光境界了。（真的不捨）

　　身為孫子的高天助大哥，他不希望因為阿嬤走了大家就漸漸的把她給忘了，更希望把阿嬤一生和藹可親的影像以及對子孫的諄諄教誨，能烙印在每一位子孫的心裡，所以整個如生照——天鑰，以瑞芳的風景為背景主題，因為阿嬤就像是打開高天助大哥內心的那一把鑰匙，開導著他、關懷著他。他們永遠會記得曾經這麼疼愛他們的阿嬤，一段令人感動的祖孫情。

6

潮起潮落

王 翁情柔似水意　話作箋牒蕩漣漪
正 氣凜然滿門第　三女情憶無絕期
吉 運古今湖澄清　四宿潮汐功社稷

　　親愛的爸爸：您知道嗎？自從您離開的那一刻，我們沒有一秒鐘不想您的，真的很感謝您如此用心的照顧我們、養育我們。還記得您曾經深情款款的獻唱這首歌給媽媽，如今，就讓我們把這首歌獻給您，請您放心，我們會替您好好照顧媽媽的……。（老大）

　　雖然我們不是兒子，但您還是如此的用心栽培我們，您對我們的鼓勵，我們會永遠謹記在心底，爸爸！我們永遠愛您。（老二）

　　爸爸：很遺憾在畢業典禮上沒有您的陪伴，我會永遠記得您慈愛的喊我一聲「阿妹」，往後的日子希望投入佛祖懷抱的您過的更好。（老三）

　　親愛的爸爸，您的最後一程我們三姊妹會盡最大的心力來完成，正如同您對媽媽和我們的用心一般，假如，真有天堂的話，希望未來的日子裡能再相遇。

　　聽完三位女兒的話感動嗎？我覺得好溫馨、王爸爸好幸福！這一生除了擁有愛他的老婆，還多了三個漂亮寶貝，這怎不叫人羨慕呢？在我們這個年代裡，多少還是有重男輕女的問題，但在王爸爸的心裡，他卻覺得男女一樣好、女兒更貼心，我想他在另一個世界一定覺得很驕傲。

　　王爸爸一生獻給了自來水公司（位於澄清湖），堅守工作，盡忠職守，樹立了好榜樣，女兒們更是以他為榮，我們會永遠想念他並懷念他。

7 慈母心 聲聲念

佘 家依依 淚漣漣
蔡 根香 憶塵緣
玉 璿緘 寄飛雁
連 繫六女 聲聲念

　　心地善良、待人寬厚的母親，常常說：活著的時候能為眾生做事是一種福氣，而我們能做您的女兒，除了緣分外，更是幾輩子修來的福氣……。

　　聽到這樣的話覺得好感動，阿嬤她擁有六個女兒，雖然遺憾沒有兒子，但女兒們個個孝順、貼心，讓阿嬤溫暖歡喜在心房。阿媽擁有一顆虔誠與包容的心，所以臉上總是帶著笑容，相信回到佛祖懷抱的她是快樂的，雖然大家都捨不得。

　　最後女兒們想對母親說：「阿母！想起細漢時袸，阮姊妹和您作伙飼豬和種田的日子，有甘苦也有甜蜜，雖然您已經不治阮的身邊，但是阮並沒給您漏氣，阮會更加做好，相信您一定會真歡喜，阿母！希望常常來夢中呣阮相見，思念您的女兒敬上。」

訃聞的設計 Obituary

　　訃聞在設計規劃裡的工作順序為第二，算是簡單的族譜，在豎靈遺照設計之後，也是禮儀程序重要的一環。

　　「訃」字它的意義——是將親人逝世的消息告知親友。而「訃聞」也就是傳達這項訊息的白柬帖，一般人接到此帖，大多是傷心及禁忌問題，心想不知哪位親友又……。

　　長久以來訃聞的格式、形狀、顏色，好像都是一成不變，雖然覺得忌諱；但大家似乎也早已習慣傳統式的訃聞外形及樣式。日本導演黑澤明在電影《夢》裡，有一段描述：全村的人吹奏音樂，邊旅行邊灑花，歡送老奶奶過世。有個老爺爺正趕去加入慶典行列，他是老奶奶的初戀情人，他告訴外地來的年輕人：「順著大自然生活，生死本來就是一件值得喜悅的事」。經由導演的詮釋，讓生命變成是一種自然，生死也變成是一種值得喜悅的事。讓人不畏懼死亡，覺得很有意義。

　　在英、美的報紙，訃聞的版面幾乎占報紙的三分之一以上，內容有感性，也有戲謔幽默、詼諧逗趣的另類文體，更有專題報導、優雅的設計結構和啟發人心的內容，描述每位亡者的獨特真實面貌；一生的故事，段段扣人心弦，訃聞版幾乎是整份報紙中閱讀率最高的版面。

　　而在臺灣呢？不同的國家有著不同的風俗習慣、民俗風情。任何的事情亦是如此，角度不同，看法就會不一樣。訃聞的設計也是；它不是制式的，它沒有一定的色彩，只要文字內容正確，把內心想要傳達的意思加上去，它可以是個性化的訃聞，也可以是張簡單的溫馨卡片。它沒有一定的格式，只要內容豐富，故事

有趣，讓接到訃聞的人讀來興味盎然、溫馨，這不就是一張富有意義又獨特的訃聞呢？尤其對禮儀專業人員或禮儀公司，它更是代表公司的形象，就看每個人如何去改變或提升，掌握每個小細節，設計出創意。相信；去過日本的都知道，日本非常注重包裝，任何商品都很精緻，當然包含設計訃聞在內，它可是會讓人想要珍藏下來的卡片。但在臺灣這樣的風俗習慣及訃聞樣式，有可能留嗎？一般而言，除了親人，很少人會保留，因為它是禁忌的東西。而你是不是也準備好為公司制式的訃聞加一點點創意呢？

一般訃聞需注意的事項：

討論訃聞樣式、顏色、文字內容。

內文資料確認→家屬校稿簽名。

使用黑色筆填寫、字跡端正。

只填寫一人（先生或夫人）不可聯名。

不寫收或啟。

收件地址不高過人名、喪宅地址要比對方地址低。

先確認收件人地址後才寄出。

對方收到訃聞時約還有三～五天後才出殯。

貼郵票時注意別漏貼或掉了。

訃聞上留的電話要隨時有人接聽。

訃聞的設計可分為制式化、個性化：

制式化：設計好一個固定套用版，可分為佛教或道教版、基督教或天主教溫馨版，直接套用，但在設計規格上盡量跳脫傳統，讓家屬感受到我們的創新與用心。

個性化：依個人喜好背景或顏色、文章、詩句等任何造型樣式做設計，讓訃聞也可以很優雅、很精緻，讓收訃聞的人也會感到很溫馨，更體會到家屬的用心及其賦予的意義。

傳統式

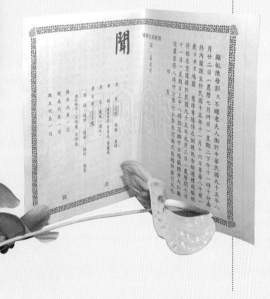

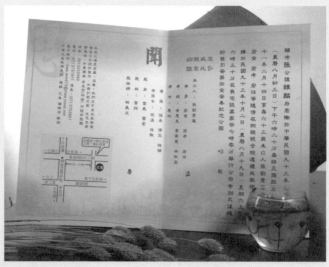

 張維麟

3

讓親人的倩影如同徐志摩的詩一般

Yvonne

葉添澄

設計版

族譜——尋根之旅：

　　族譜是以記載一個姓氏的祖先名諱，及家族歷史為主要內容的一種文獻。隨著時代的轉變、提升，人們對於祖譜的排列、設計、保存方式就更多元化，在眾多族譜文獻中，可以發現有很多不同的命名方式，包括：族譜、宗譜、家譜、家乘、世譜、通譜、統譜、大同譜、枝分譜、系譜、房譜、支譜等，其中要以族譜、宗譜、家譜最為常見。

　　「族譜」從古代一直以來就是一項很好的傳承寶典，無論在任何一個年代，子子孫孫都可隨時查尋家族的歷史背景，當中更是記載著每一個年代雋永深刻的故事。所以在編撰族譜時，除了標示姓氏外，最好能加上出生地及最後圓滿的安息地或安奉的位置，而同一部族譜之內，文字及名稱均要前後一致，這樣才能顯示家族史料永續長存之意涵，同時可供他日之研究與考證。

大陸祖籍 福建省漳洲府平和縣

十一代：考何復　康熙乙巳年四月三日丑生
　　　　　　　　乾隆巳未年二月六日申別世
　　　　　　　　葬在崙仔尾
　　　　　　　　（與崇德二人渡來台灣）
　　　　妣賴氏歲娘　康熙癸卯年十二月十八日丑生
　　　　　　　　　　雍正癸卯年七月廿三日巳別世
　　　　　　　　　　葬在長山（大陸）
　　　　妣賴氏卒娘　康熙庚戌年五月十日寅生
　　　　　　　　　　雍正癸丑年九月卅日卯別世
　　　　祖公何復來台續娶葬在庄後，傳何士有為其戶弟

十二代：考何崇德　康熙庚寅年五月十一日午生
　　　　　　　　　乾隆壬寅年十二月十七日巳別世
　　　　　　　　　葬在崙仔尾傳何連為此人戶弟
　　　　顯妣蔣氏題娘　康熙丙申年正月二日巳生
　　　　　　　　　　　乾隆癸丑年二月三日寅別世
　　　　　　　　　　　葬在崙仔尾

十三代：何信京　雍正壬子年九月初八亥時生
　　　　　　　　　嘉慶丙辰年三月廿六日戌時別世
　　　　顯妣黃氏金娘　乾隆巳未年十一月廿二日寅時生
　　　　　　　　　　　嘉慶癸未年十一月初十日酉時別世
　　　　　　　　　　　葬在崙仔頂

十四代：翠林　乾隆巳卯年九月廿九日寅時生
　　　　　　　　嘉慶戊辰年十一月十三日寅時別世
　　　　　　　　葬在西勢潭
　　　　顯妣陳氏龍娘　乾隆壬午年五月十三日辰生
　　　　　　　　　　　道光癸卯年四月廿九日午時別世
　　　　　　　　　　　葬在崙仔尾

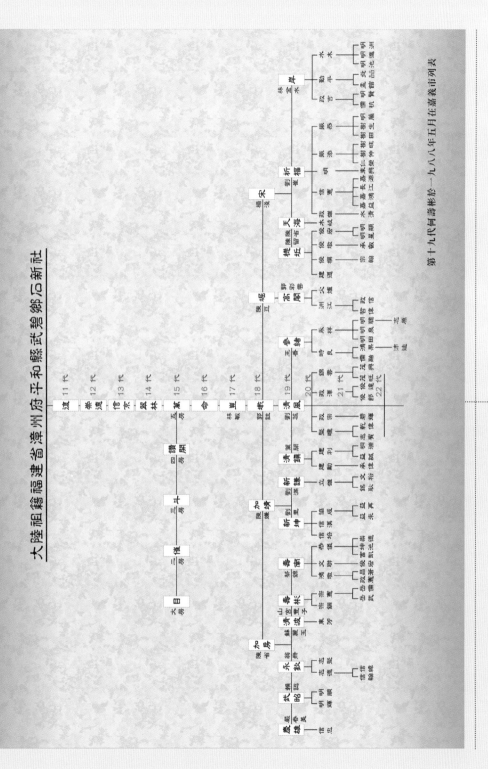

大陸祖籍福建省漳州府平和縣武碧鄉石新社

第十九代何譜彬於一九八八年五月在嘉義而列表

珍藏版的收藏
Collect the edition

　　東西的大小喜好，要看個人空間、產品的內容，珍藏無非是珍貴的、具有收藏性的，珍藏版是如生照的縮小版，它打破傳統的方式，把親人（亡者）的相片用另一種設計的風格將它表現出，做成小的相框，在告別式當天，放在收付桌用來布置，讓會場更加溫馨、美麗。告別式結束後可當一幅優美的畫，放置家中書桌，也可懸掛於牆壁，不只美又具有紀念價值，讓後代子孫不會因為時間久遠，而把摯愛的親人忘記。而這麼美的照片亦可大方放置客廳，不會因傳統相片嚴肅而不適合，而是讓自己的親人更有尊嚴、更自在的陪伴我們。（以下舉例講解）

 林謝麗豐

夏來風雨兩匆匆
戀戀執親情情濃
陳珠往事思父翁
娃兒送，瀹送！
蔵言取映納安定
懷觀對楹碑剎銘
仁慈惻懣為公情
已臨行！已臨行！
可懇回首月明中
思慈父恩無期盡
此生難與共隨影
淚聲慟！淚聲慟！

【歲次甲申年六月】

陳可

李黃好

幾何人生

2003.7.25

灑落一種子　希望之根芽正情悄地一伸展

此刻　我已乘著白雲　和著清風
飛向屬於我的夢想國度

雖然　還有許多的話沒說　許多的事沒做

就這樣暢寄於天地中　但我相信　您一定知道我會好好照顧自己
而我　也知曉我將永存您們心底

在每個晨起暮落的日子　我將在您的穹蒼裡
靜靜地　守候著　看護著　-My beloved

和豐禮儀有限公司　承辦

高超群

3

讓親人的倩影如同徐志摩的詩一般

松風水月

栽園深康茹苦辛　愛子欲養親無盡
松風水月為取映　秋夜漫漫墨痕新
基督聖主明恩典　呼親含念未了因

林松基

Yvonne

劉偉健

家屬謝詞的準備

Family members acknowledge words

家人是永遠的依靠
屬於心底深處的情愫
謝謝上天讓我們在塵世相遇
詞句已譜下今生的追憶

　　家屬謝詞是對前來追思的親友，表達家屬的答謝之意，感恩在親人往生的這段期間，大家所給予的關懷與協助，讓子女們能夠更順利、圓滿的把禮儀事宜處理得更完美。

　　往往親人在突發狀況走了，一般人沒經歷過，總是會手忙腳亂、不知所措，這時所需要的就是親戚朋友或長輩的協助，由於治喪期間無法親自登門答謝，所以我們可以運用告別式當天寫下一些內心所要表達及感謝的話，放在追思區或入口處表達誠摯的謝意，這不僅有意義，讓會場更加溫馨。（以下舉例講解）

帶走─彩虹

① 李黃好

雖然我們不是大戶人家

沒有富麗豪華的裝設與達官顯要的拜輓

但是我們兄妹三個知道

該如何將母親在人世間的最後一程

辦理的莊嚴、肅穆

所以──我們選擇了不同的形式

希望母親能看到我們兄妹三人

為她所準備的，也能喜歡我們所做的

更期望母親能帶著滿心的喜悅

如同──五顏六色果實般的

豐美心靈

走在掛往天際的彩虹大路上

跟隨引領天使們，走向無盡

的天界

帶走-彩虹

雖然我們不是大戶人家
沒有富麗豪華的裝設與達官顯要的拜輓
但是我們兄妹三個知道
該如何將母親在人世間的最後一程
辦理的莊嚴、肅穆
所以-我們選擇了不同的形式
希望母親能看到我們兄妹三人
為她所準備的，也能看到我們兄妹三人
為她所準備的，也能喜歡我們所做的
更期望母親能帶著滿心的喜悅
如同-五顏六色果實般的豐美心靈
走在掛往天際的彩虹大路上
跟隨引領天使們，走向無盡的天界

②史蕭淑芳　　　戀戀紅塵

2002年初冬的早晨
一樣的晨曦　不一樣的愁緒
為人豪氣　獨立自主是奶奶的特質
她對家庭的照顧　子女的教育
總是全心全意的付出
記憶最深的是……鹽埕堀江
那有我與奶奶遺留的足跡──三輪車

奶奶一生福慧　終歸圓滿
此刻　感謝所有的至親好友
因為有你們的關懷與協助
更讓奶奶的慈愛永遠長存

戀戀
紅塵
Member of life

2002年‧初冬的早晨
一樣的晨曦　不一樣的愁緒

萬人豪氣　獨立自主是奶奶的特質
記憶最深的是……鹽埕堀江
那有我與奶奶遺留的足跡一三輪車

每當憶起　且寄語晚星
學去冬幕裏　無限的追思

奶奶一生福慧　終歸圓滿
此刻　感謝所有的至親好友
因為有你們的關懷與協助
更讓奶奶的慈愛永遠長存

隨著彩虹　一片雲從此飄飄漫遊
念此際你已回到煙台的家居
徒留一地相思　予人興共

翔歌

2003年──晨曦的春光
灑下思憶點點……

乘著羽翼飛翔在天地間
那淺淺的笑靨　彷彿還在身邊

我願　那溫暖的春風
伴你身旁　翱遊天際
飛越萬里城郭、樹林山間
讓生命的足跡，寫下永久的回憶
在月光的河流中，歲月的小船裡
緩緩划進我們心底──永遠‧永遠──

在這段時間裡
感謝所有的至親好友、師長、同學們
有你們的關懷與協助
讓振翔　帶著滿溢的祝福
放心　振翅高飛

③ 高振翔

4 佘蔡玉連

慈母心　聲聲念

母親就像典型的傳統婦女

以夫婿為主　以子女為重

雖然也曾因為沒有生男孩而稍有遺憾

但是對六個女兒的教育

卻從未鬆懈

如今　我們六個姊妹有能力

希望能報答慈母一絲絲的恩情

讓母親能夠驕傲地向世人證明

女兒可以比兒子更貼心

同時　感謝所有的親朋好友

對我們的幫忙與協助

讓母親在塵世最後的回眸　更臻完美

而唯一放不下的

就是　當大夥兒圍爐的時候

總會想起　媽媽的味道

3

讓親人的倩影如同徐志摩的詩一般

天鑰

走在　熟悉的故鄉——瑞芳小鎮

往事隨著足間又回到從前

思念　那慈祥的容顏

——我的阿嬤——

在我的生命裡

阿嬤　是我待人處世的榜樣

也是指引我人生方向的指南

今日　我有如此的成就

除了感謝父母、親戚朋友的幫助與扶持

更有阿嬤賜予的榮光

阿嬤　您的恩情

我會永遠收藏在心底

如同　您那滿溢溫情的綠豆湯

永遠在我心中迴盪、飄香

在這段時間裡

感謝各界長官、朋友的關懷與協

助

讓阿嬤在人生最後一段旅程

更臻完美

冀盼　回到西方極樂世界的阿嬤

能在天上保祐　我身旁每一位至

親好友

——平安・喜樂——

⑥ 王正吉

潮起潮落

你問我愛你有多深　我愛你有幾分……
每當節奏響起
思念的心　隨著音符飄送心底

難忘　澄清湖畔舊時光
那有父親與我們留下的足跡
還有盈盈笑語　甜美回憶

我們的父親
待人處世　達觀豁然　重情好義
教育子女　言教身教雙並行
夫妻之間　相知又相惜
信箋上文字裡　充滿鐵漢柔情意
也有對我們的期許　還有濃濃溫情意

最後　藉著這首「月亮代表我的心」
獻給我們最深愛的父親
同時也感謝所有至親好友的關懷與協助
讓父親　安息在虹彩繽紛的天際裡

3
讓親人的倩影如同徐志摩的詩一般

春日思恩

7 張陳娟

春雷乍破　細雨飄落
水裡起了波波漣漪
浮現　母親漫步在潭邊小徑的身影
濕潤的眼眸　是雨是淚……

昔日的菜香、粽香　彷彿又飄進心底
敬愛的母親　不管您離我們多遙遠
您都是我們最愛、最敬的人

誠摯的感謝所有親戚朋友的關懷與協助
讓　母親的德言善行如蓮池荷花般綻放
永植人們心底

8 張顏阿藝

思念妳

心愛的阿母
藉著一張寫滿愛您的批紙
希望會凍隨風飛出窗外
飛過高山　飛過海岸　輕輕飛入妳的心
肝
希望妳有聽到阮的心聲
妳的恩情比天擱卡大

今夜冷風一直吹　阮的心袂感覺寒
因為心內有您甲阮相偎

不孝的阮　袂凍乎妳過著舒適的生活
擱一再乎妳煩惱費心晟
從今以後阮會認真甲打拼乎您無牽掛

最後　感謝親戚朋友的
幫助甲關心
乎阮阿母快樂跟佛祖走
※（臺語版）

3

讓親人的倩影如同徐志摩的詩一般

浮生錄的回顧
Commemorate photos

浮世塵緣裡的情懷
生命中的點滴印象
錄製成永遠的回憶

雋永的文字　珍貴的照片
將浮世情懷的回憶完整記錄

　　浮生錄是拉回大家的記憶，聊一聊曾經、談一談趣事，人的一生不就是如此歡喜的來快樂的走，把過去照片用優美的文字、感性的設計，做成一張浮生錄，規劃在追思走廊區，讓來參加告別式的來賓，不只是例行公事般的來拈個香就走了，而是再次回憶過去曾經在一起的美好時光。看著浮生錄聊聊彼此之間的話語，難忘的回憶，是不是在這樣的畢業典禮上，更具有意義？

李黃好

音樂的流轉 跳耀的春光 乘著色彩的羽翼 奔向無盡的天空⋯⋯

3

讓親人的倩影如同徐志摩的詩一般

王正吉

無論時間的輪轉　所有的記憶都將是一種無暇的美麗……

林松基

生命的延續　精神的傳遞　譜成人生最美的樂音……

鍾菊英

庭院飄著高麗菜乾的香味　彷彿回到我們歡樂的歲月……

劉偉健

「吾兒晉陽、守陽、午陽知之：俗事惱人　不可常記。
塵終歸塵中　惟待人一本「良知」　處世則熟讀菜根譚　必有受益。」

 張毛蓁蓁

您無私的愛　讓我們的心靈充滿了親情的滋潤……

林淇鐘

 林淇鐘

雖然我們來不及參與您跨越的（歷史）年代

但我們永遠記得您敘述的精采故事……

題名簿的用處
Signature book

　　為歷史做見證留下你的名，別忘了我們之間的話語，再次見到你面容如往昔，回到曾經的過去，山谷裡有你微笑的回音多甜蜜，無法忘懷的記憶。看著一篇篇的詩句、芳香的花朵，陪伴著你很詩情畫意、很溫馨，當你踏上彩虹的那一刻起，我寫下你熟悉的喚名來祝福你。

　　（在人生最後的畢業典禮，讓每一件事都變得很有意義）

 葉陳水美

 Yvonne

讓親人的倩影如同徐志摩的詩一般

 林淇鐘

張維麟

查建軍

懷恩輯的回憶（紀念光碟）
Commemorate the laser disc

懷念恆久遠
恩情永難忘
輯錄成回憶

　　當動人的樂音響起在每張泛黃的相片裡，記錄著您我的記憶，感恩有您才有這樣幸福的回憶。

　　從不知道小時候真的如此調皮，風景區、學校裡都可看到疼愛我的身影，喜慶上的您是如此的滿足歡喜，牽著孫女幸福的表情真是難以忘記，這一生遺憾沒有好好陪伴著您，只好望著專輯思念曾經的歡聚，希望在天的那一際，您不會在意繼續保佑疼惜的子女，我們真的好愛您。

蔡金全

翻開時空的日記
回到兒時共同的記憶
閉上眼輕輕鬆
空氣樹木溪水與田地
滿穗的稻米轉動的唱機
雙親慈愛的身影
那裡豐愉了我們的生命
思恩起 甜果如蜜

懷念親恩紀念專輯
（民國九十六年二月農曆新年）

張毛蓁蓁

張簡金獅

讓親人的倩影如同徐志摩的詩一般

葉陳水美

童文瑩

傳家寶典的傳承
The standard of the family heirloom

傳承是一份延續
家人是一份親情
寶盒是一份珍惜
典藏是一份記憶

　　傳家寶典是一本用文字與圖像編纂成的傳家經典書籍，它蘊藏著一個家族文化的背景、精神與意義，珍藏著最珍貴的記憶，一張張泛黃的照片裡有歡笑、有淚滴，有一起牽手走過的足跡，寶典裡充滿愛的教育與傳承的道理，記錄著最感性、最感動的話語讓傳承繼續延續。

① 陳鳳

陳 年往事
鳳 中奇緣

有書不讀子孫愚
有田不耕倉庫虛

> 人的一生最重要的是真實、不做壞事，
> 過得快樂，這才是生命中最重要的事情。

—相差3、6、9也可以是幸福的女人—

戲劇的婚姻·美滿的結果

（文章摘取自陳鳳傳記內容）

差一點就成為日本人的外婆，因為優異的成績使得老師想收她為乾女兒，讓她繼續到日本學習深造，但由於外婆的祖父母根本就捨不得讓自己的孫女，離開他們到那麼遙遠的地方去，所以外婆只好放棄日本深造這麼好的一個機會，但外婆還是利用多餘的時間研讀各種書籍，不斷的充實，讓自己日後成為丈夫在商場上的好幫手。

在日據時代，十七、十八歲的姑娘早應是結婚、生子的年齡，而外婆也不例外，十七歲時父母親便將長得亭亭玉立的外婆許配給人了，而外婆有著戲劇般的婚姻過程，但卻有美滿幸福的結果。而那年代的婚姻都是由父母做主女兒遵從，而外公正是在外婆家當長工的年輕人，由於當時外婆的弟弟都還小，必須招贅人進來幫忙工作。沒有父母親、也沒有家人的外公當然珍惜這樣的緣分，於是答應入贅的要求，而外公是一位知識飽滿的人，不僅精通漢文書籍，更利用下工之後的時間，勤讀醫學方面的書幫貧困的人開藥方，日後更成為地方的「保正」，也打破當時許多人覺得門不當、戶不對的想法，更破除婚姻上相差3、6、9歲的迷信。

由於外公、外婆的才能與努力，以及堅持超越的信念，使得他們成為地方上的絕佳典範。

對於死亡就像看待她的生命般，她都非常實際，外婆並不覺得死亡不公平，因那是自然的部分，她對舅舅們說，希望在家裡走完人生的路程，她希望簡單、平靜的感覺。「死亡」兩字對一般人來說是可怕的字眼，但對外婆來說，這也許是找外公的一種理由，就在西洋人團聚的日子（平安夜）這天來臨，我接到一通似乎捉弄人的電話，但那是永生難忘的一通電話，我得知外婆於1998年12月12日病逝於家中，享壽九十三歲，她長眠於住家附近一處鄉村的墓園。

❷ 孫立傑

孫曾守真樹名譽　諸羅山下聲幾許

立業成家平地起　篳路藍縷歷絕域

傑出儒家魯即墨　遺錄東山傳愛育

認識孫爸爸是因為認識（愛他且感性的）女兒正芳，居住於嘉義市（以前稱諸羅山）。初次到南華大學講課，正芳總是認真的聽著我分享給大家的每一篇故事。正因如此，再次喚起正芳對爸爸的思念，她說每每望著留下

來的遺物，腦海中便浮現爸爸諄諄的教誨，她心想要如何把爸爸這樣的精神繼續傳承下去……。於是，我們約了一個喝茶的地方，開始討論著孫爸爸的每一段感人的故事，看著正芳說話的表情，有一份說不出的感動，因為她把內心想要表達的情感、感受，一次抒發出來，看著她幸福滿足、以爸爸為榮並且期待的心情，剎那間我也有一種被感動的心境，覺得心情好美麗。

孫立傑爸爸生於動盪不安的民國17年，在成年後因國共對峙，隨著國民政府來臺，便離開了山東即墨老家，至親遠別離各在天一

方，每當夕陽西下或月光映照時，孫爸爸總有「露從今夜白，月是故鄉明」之感慨。

男兒志在四方，生活即是奮鬥，孫爸爸在部隊服務的這二十五個年頭裡，北至淡水、南至鵝鑾鼻、東至後山花蓮，都有著孫爸爸踏過的痕跡，而在這段當兵的日子裡，也令他的人生閱歷增色不少！

「退後半步天高地闊，忍氣三分心平氣和，乘風破浪共數年，回顧往事如雲煙」，這句話是孫爸爸常常掛在嘴邊告訴孩子的話，人生的順境、逆境，孫爸爸體會得比別人深刻，而他也常勸子孫：「人沒有吃不了的苦，也沒有享不完的福，人要去克服環境，絕不能讓環境克服人。」而這勇者無懼的個性，也成了孫爸爸人生的最佳寫照。

傳記內文：「看著此書的完成，內心是歡欣的，想不到我們還能為爸爸再多盡這一份心力。當初看爸爸留下這麼多的資料，內心就告訴自己，我們一定要替爸爸傳承下去，不管他的學習精神也好、還是他的堅毅執著……，都是我們要學習的。

揮揮衣袖不帶走一片雲彩，帶走的是片片回憶，留下的是您的情深重義，這本書也許無法如同您的人生一樣精采、豐富，但它卻將您的精神永留在我們身邊，不管多久，我們再將此書翻開時，依舊可以感受到有您的感覺真好。　　　　　　　　大安、小妹、小胖　筆

③ 李黃好

李^{棚窗下}
黃 花綻放—我的—
好 母親

　　對別人而言，我媽就像個街坊鄰居碰到的歐巴桑一樣，再也平凡不過了，然而在我心中，她卻平凡中帶了那麼點偉大。

　　就像其他人的媽媽一樣，她總是對我們那樣的呵護，深怕我們餓著了、凍著了，儘管年輕時家境那樣的清苦，從夫家而來的債務是如此的沈重，她仍能提供我們溫飽。她總是說：「有錢沒錢不重要，吃的、穿的，絕對不能跟人無法比。」她就是要我們在別人眼中有尊嚴，不要讓人以為我們是窮人家的孩子。她哪知道我們從來就不介意自己出身是窮還是富，只要有媽媽的溫暖呵護就夠了。現在她走了，也永遠不明白我心中的希望，只盼望她能健康的活著就好。

─看見黃花─

　　人生的過程中如果沒有挫折，那就顯現不出人生的瑰麗來。媽媽的一生在顛顛跛跛、挫挫折折中，一路走來，她是那麼堅強，她是那麼勇敢，媽媽從來不曾在挫折中放棄，她總是勇敢的面對，一生中媽媽從不奢求什麼，只希望家人平安、健康、快樂。所以我們遵循媽媽的精神將繼續前進、繼續傳承，我們都知道媽媽並未離開我們，她仍然與我們同在，她的慈愛、她的笑容永遠烙印在我們心裡，2002年的3月將是我們三兄妹難忘的歲「月」。

　　（文章摘取自李黃好傳記內容）

張毛蓁蓁

永遠的愛人
永遠的情人

給蓁：
妳是我心中真心的愛
風和日麗
雲淡風輕是妳處世態度
一顰一笑
總像那雲的留痕、浪的柔波
弘憲

3

讓親人的倩影如同徐志摩的詩一般

給蓁蓁吾愛

蓁蓁我的至愛：

今天是十一日，妳整整已離開我三天了，三天有如九個秋，為什麼妳還不在夢裡回眸，妳可知道我有千言萬語，想要輕輕地告訴妳，然而莫非妳與秋風結伴悄悄地遠遊。

此刻我才知道什麼是「別離」，我不禁感傷又那麼心痛，想起那被遺忘的回憶，淚是那麼透徹晶瑩。

弘憲　泣吻上

給我摯愛的母親

三十一年來的關愛，一步一腳印地提攜，母親自懷胎十月後，我倆血濃於水的緣分就此展開。

您，扮演著我——好母親、好朋友的角色，對我的疼愛不曾間斷，如今，您離開我們，向更廣闊、安詳的世界飛去，我如同失去摯愛、摯友般不捨。但，我豈能自私地將您留下。

心中有千言萬語想對您說，感激的話語來不及傾吐，多希望上天再多給時間與機會，讓我好好感謝您。

女兒　嘉倫叩泣

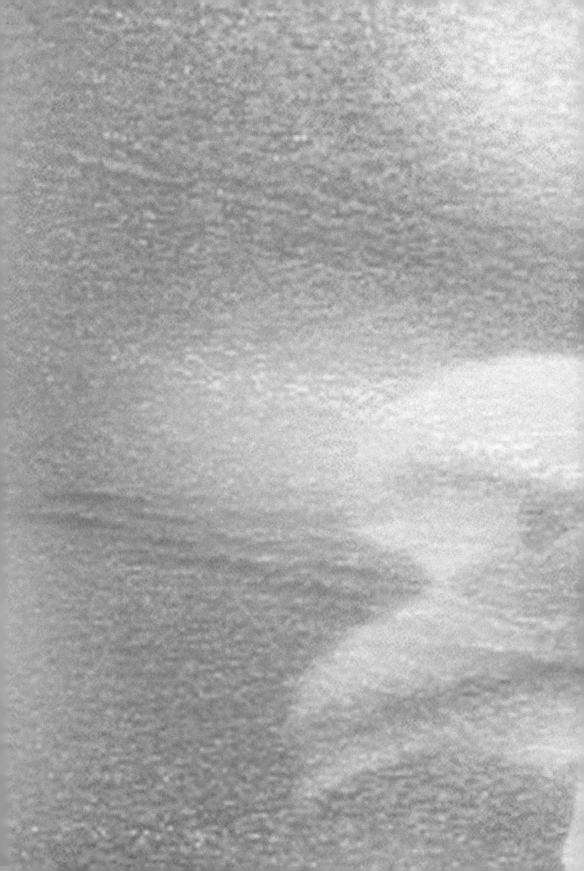

4 如何小創意大改革

很多創新不一定要做大，
創新也可以從小細節延伸至大設計，
一張照片、一張小書卡，
其實都可以讓人感動且變得更有意義。
希望小小的創意，能有大大的改革，
研發一種創意，讓人不畏懼死亡，
讓喪禮變成是一種藝術，
讓往生者真正得到尊嚴與安息。

禮儀一直讓人感覺是一份神秘、陰森的傳統行業，隨著資訊科技快速的發展、創新，企業如無法理解創新的意義內容就注定落後，因為知識的增長是不等人的。東海大學管理學院院長沈均生曾說：「用新的思維從事產業改革」，個人深覺很有道理，尤其用在殯葬禮儀的行業更是恰當極了，因為可以利用新的思維來改變傳統、提升文化，讓殯葬文化氣息更透明化、更有溫馨感，很多創新不一定要做大，創新也可以從小細節延伸至大設計，一張照片、一張小書卡，其實都可以讓人感動且變得更有意義。

希望小小的創意，能有大大的改革，研發一種創意，讓人不畏懼死亡，讓喪禮變成是一種藝術，讓往生者真正得到尊嚴與安息。

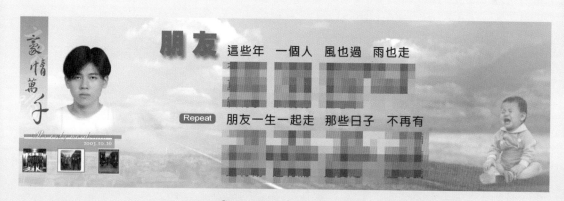

朋友

這些年 一個人 風也過 雨也走

Repeat 朋友一生一起走 那些日子 不再有

以上歌詞摘自周華健所唱的「朋友」一曲

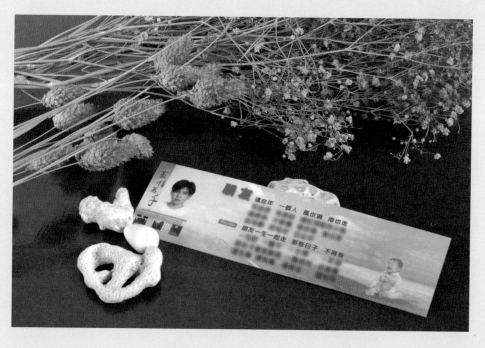

熱心公益的您　散發出生命中的光與熱
當選全國模範母親　感嘆您生命中的驚奇
您的給予　我們知恩並感激
顧您塵世的身影
永植我們心底

3　梁余牡丹

將您的身影　收藏在心底

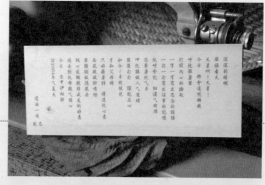

4 童文瑩

你是天空裡的一片雲

－永遠的小寶貝－

4

如何小創意大改革

美麗的詩篇

5 呂任翔

展翅飛翔——彩虹橋

微風吹起
感覺像冬天的涼意
回憶像一部精彩的電影
一幕幕在心底無法忘記

6 劉寶珠

凝望您美麗的倩影——聊聊我們的回憶

7 陳高麗玉

不動的跳棋

微微的春風 徐徐陣陣 回想……
我和弟弟總是爭先恐後的 想和阿嬤您下跳棋

看著您穩紮穩打地佈局 和深謀遠慮的思考
實令我們敬佩 如今 再次擺好棋盤
凝望著那再也不動的跳棋……
阿嬤我們真的好想您

5 回顧復古靈內堂
與創新的設計

人一往生便要準備豎立靈內堂，以供親友追思悼念。
從傳統的摒廳到現代的靈內堂搭設，
無論外觀或儀式都改變了很多，
不同的宗教也有著不同的靈內堂搭設。
但目的都一樣，
為讓前來祭拜或追思的親友感到莊嚴、溫馨，
而不會產生害怕忌諱。

人一往生便要準備豎立靈內堂，以供親友追思悼念。從傳統的摒廳到現代的靈內堂搭設，無論外觀或儀式都改變了很多，不同的宗教也有著不同的靈內堂搭設。但目的都一樣，為讓前來祭拜或追思的親友感到莊嚴、溫馨，而不會產生害怕忌諱。越來越多的家屬也感受得到，布置一個溫馨的靈內堂是重要的，進而開始重視靈內堂搭設及規劃。一份心、一份情，一個可以與親人心靈對話的空間真的很重要。以下就讓我們一起回顧傳統到感性等不同風格設計的靈內堂。

傳統靈內堂──民國73年

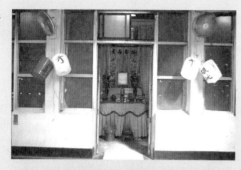

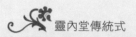
靈內堂傳統式

神主牌位

VIP靈內堂
（照片由和豐願境提供）

創新靈內堂設計
Innovating design of shrin

蓮生並蒂　雲開見佛

　　回顧過去與未來，深覺有一種使命，有股衝動，只想更好。腦海浮現一一記錄。在傳統與現代找出一種平衡，設計出美感、人性化，讓追思更有意義、更有尊嚴；在乎家屬心中的那一份感受，於是「它」出現了。

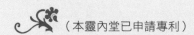（本靈內堂已申請專利）

6 個性化會場設計與規劃

死，則是另一種輪迴的開端。
企盼以不同的角度來詮釋死亡的真諦，
用不同的觀念來妝扮人生最後一場舞臺，
讓逝者能有尊嚴地走完人生的旅程回歸天地。
「個性化會場設計與規劃」是門創新的課，
企盼每位專業禮儀或規劃人員能持續創新，
並多方嘗試與進修，
才追得上下一波的提升、改革新浪潮。

生—死原是一線之間，生，是一切的開始，死，則是另一種輪迴的開端。企盼以不同的角度來詮釋死亡的真諦，用不同的觀念來妝扮人生最後一場舞臺，讓逝者能有尊嚴地走完人生的旅程回歸天地，而生者能重新思考生活的目的及生命的意義，進而更珍惜生命。

「個性化會場設計與規劃」是門創新的課，企盼每位專業禮儀或規劃人員能持續創新，並多方嘗試與進修，才追得上下一波的提升、改革新浪潮。

靜觀天下事
逍遙山水間

為了能真正了解設計理念的意義，以下針對會場設計與規劃須注意的事項，加以明確的解說：

1.宗教：一般分為道教、佛教、基督教、天主教、天帝教、一貫道、天理教、創價協會……等等，依不同的宗教別、教規、教義思想，設計出該宗教的風格，且進一步的了解其風俗習慣、服務流程及特殊儀式，讓生命之尊嚴與禮讚得到最完美的延續。

2.顏色：色彩是構成視覺表現的重要因素之一。

各種布置物體因吸收和反射的程度不同，而呈現出來的色彩現象亦不同，色彩的聯想作用屬於心理學的問題，然而對於設計規劃技術的應用，則是相當重要的問題，若無法事先了解家屬對於色彩的感覺，便無法正確活用有效的色彩。

色彩可分為寒、暖兩大明顯的心理範圍，例如：進入布置成藍色的會場（布幔穿插藍色，地毯整間藍色），這樣就會讓人感覺是比較寒冷的。相反的，若進入由黃色布幔、紅色地毯所布置而成的地方，則是會產生溫暖的感覺，這種感覺與物理上的溫度無關，而是色彩對心理的影響。寒色、暖色的區別，是透過視覺經驗累積所得的感覺，再加上聯想而成的知覺。

一般色彩代表的意義：

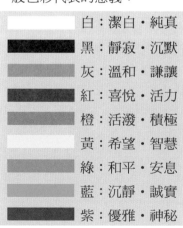

白：潔白・純真
黑：靜寂・沉默
灰：溫和・謙讓
紅：喜悅・活力
橙：活潑・積極
黃：希望・智慧
綠：和平・安息
藍：沉靜・誠實
紫：優雅・神秘

顏色如果彼此接近或置放一起，通常會相互影響，使視覺產生變化。所以在設計、規劃配色時，應充分考慮對比的影響。在布置時，如果因為沒有仔細考量布幔及花朵顏色與大圖背景的對比關係，而造成了顏色使用不當，那麼，整個會場將會給人一種質感低劣且不協調的印象。由此可見，靈活的運用色彩，也是一種設計的技巧。

　　3. 季節：不同的季節有不同的風格及味道，上帝創造了四季、輪迴、美麗。每個人喜歡不同的季節，在不同的節季做不同的事、穿不同的衣服、做不同的裝扮，設計規劃亦是如此。因為春、夏、秋、冬有著不同的背景、顏色，用不同的文字來形容不同的節季、感覺，會有不同的風采，好好感受發生在我們身旁的每一個節季，你會發現四季真的很美麗。

告別式會場平面模擬設計

　　一場完美的告別式,是需要花費相當多的時間、精神、人力、創意及美感元素所共同達成的。

　　我們都知道,要建造一間樓房首先就必須要有製圖,製圖為一切工程建築的基礎,它能說明設計的詳細構造、材料種類與施工方式,為整個工程成本計算的依據,更是業界的共通語文。

　　追思會場設計規劃亦是如此。要完成一場莊嚴又溫馨的告別式,首先需畫模擬設計圖與家屬商討決定後,再進行細項規劃,模擬設計圖不僅是與家屬商討的工具,更是提供給工作人員溝通意圖的主要橋樑及分工合作的重要依據;是規劃整個會場布置的重要書面指令。因此,模擬設計圖為提升殯葬會場設計水準的最重要基礎。希望借由專業設計的元素,在傳統與現代之間找到一個平衡點,讓追思會場在優雅、莊嚴的氛圍中,為亡者在人生最後旅程畫下最臻完美。

棺木停放區　儲藏室　儲藏室　司儀台
交響樂隊
大圖輸出
花台
供桌
100吋大投影幕
輓軸懸掛區
灰色地毯
追思走廊
帝王帳
茶水桌　簽名收賻處
立式程序表
立式牌樓
芳名錄
淨水區　服務台　簽名收賻處
影音控制區
廁所
發電機置放區
人行道
立式花卉區

6

個性化會場設計與規劃

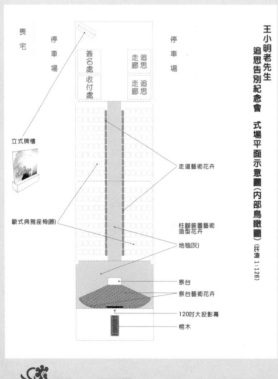

喪宅　停車場　停車場
簽名處　收付處
立式牌樓
歐式典雅座椅(圖)
走道藝術花卉
柱腳裝置藝術造型花卉
地毯(灰)
祭台
祭台藝術花卉
120吋大投影幕
棺木

王小明老先生追思告別紀念會　式場平面示意圖(內部鳥瞰圖) (比例 1:128)

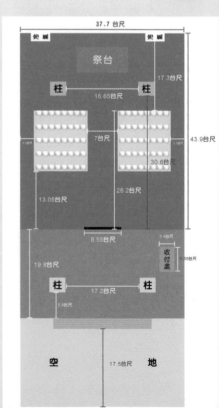

37.7台尺
祭台
柱　柱　柱　柱
17.3台尺
16.65台尺
43.9台尺
7台尺
30.6台尺
13.05台尺
26.2台尺
8.55台尺
19.8台尺
17.2台尺
17.5台尺
收付處
空　地

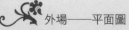

外場——平面圖

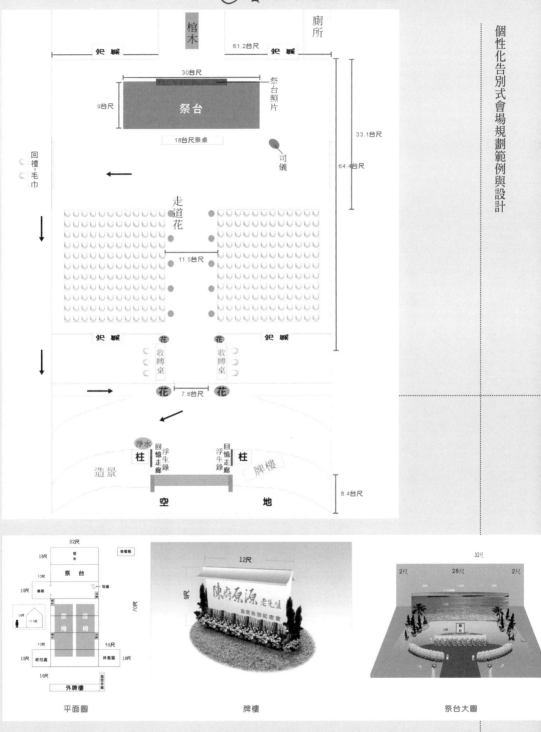

平面圖　　　　　　　牌樓　　　　　　　祭台大圖

自宅搭棚——平面圖

追思會場的美學

　　常常想：陰森森的殯葬會場要如何與感性的藝術相互連結，才能呈現另一種溫馨、感性的視覺文化？多麼希望能透過美學的角度，打開心靈的另一道窗口，打造出有質感、有尊嚴的另一種價值，並追尋古人的文化理念，融合東西方的藝術品味，達到圓滿、唯美的最高境界。

　　此刻，讓我們一起進入個性化會場的設計與規劃的會場裡，一同感受、懷念……，同時再次緬懷我們至愛的親人。

　　承接個性化會場布置之因應步驟：（問答題）

1. 主事者？誰？
2. 喜歡什麼？
3. 職業背景？或值得誇耀事跡？
4. 信宗信仰為何？
5. 流程規劃的注意事項？
6. 音樂的重要性及討論？
7. 如何讓家屬深感欣慰？深深感謝您，畫下完美的句點？
8. 如何提升自已？讓自己更有專業的魅力？

景行廳——懷念的身影

1 李黃好媽媽

　　是好媽媽開啟了禮儀大門，讓我與禮儀美學相遇。從一位平凡賣水果的媽媽，到值得另人敬佩與羨慕的好媽媽，我們為她的人生寫下一篇完美的句點，也讓所有人知道看似平凡的母親，在每個子女的內心，卻永遠都是最偉大的。

　　好媽媽的告別會場設計，對我們來說真是一項不可能的任務（因為時間非常匆促），但在我們不眠不休堅持之下，完成一場個性化「裝置藝術」的告別會場設計，因為它是獨特的、它是量身訂做的，如同楊國柱教授他為這一場告別式寫下美麗的注解。（附件一）

　　（附件一）

　　白雲悠悠、清風吹送，今天是一個晴朗的好天氣，我獨自來到一個大家都不願碰觸的地方──殯儀館，向一位多年好友的父親送別。當我踏進奠禮會場，首先映入眼簾的是：黃、白色的菊花海中豎立著一張焦距不是很清楚的黑白半身照片，照片四周圍繞著單調的棕色木框，花海兩旁家屬們穿著麻、苧等布料製成的孝服，不修邊幅、佝僂著背、哀淒地依序佇立著。當視覺移到會場左右側上方，斗大白底黑字的輓聯懸掛著，西樂隊音準不穩的樂曲，則在司儀「主祭者就位、陪祭者就位、上香、獻果、獻花、奏哀樂」的引領聲結束後響起，會場外，司公、孝女白琴、電子花車、五子哭墓、開路鼓等陣頭蓄勢待發，好像一旦奠禮完成後，他們的鑼鼓聲就會此起彼落，展開一場生命終點大「拼堵」。

　　今天真是特別的吉日，逃離了那個讓我心情憂鬱、渾身不自在的

127

地方，我來到另一處告別式會場，回憶起這一位亡友是一位平凡且充滿母性光輝的長者，她在她苦心經營的水果攤裡，日以繼夜守了四十年。這四十年來不但須兼顧家庭與事業，更須擔負起慈母與賢妻的角色。就這樣，奔波辛勞了好多年之後，終於在一個寧靜的夜裡與世長辭了，而在她的生命哲學裡，更有著說不完的人生閱歷與情感。

由於提早到達，在會場中，我看見一群視覺傳達的藝術團隊，正在為呈現一場另類生命紀錄的回顧展而忙碌。於是，我一腳踏進滿是鮮花水果的迎賓大道中，這裡的氛圍可以感受到連空氣中都纏繞著花果的香氛氣息，在他們所布置的追思角落裡，有「好媽媽」（因為往生者名叫李黃好，所以他們如此稱呼）此生中所紀錄下來的總總回憶與傳承精神的痕跡。他們以文字、圖片、影像、音樂與燈光結合，編製成錦輯與追思的光碟，將往生者的一生，用最美好的方式呈現出來，有如生照（栩栩如生的彩色遺照）、浮生錄（將逝者的照片編織成輯）、家屬謝詞（對前來追思的親友表達家屬感謝之意）、傳家寶典（用文字與圖像編撰成一部傳家的經典書籍）與為懷念親恩而製作的光碟影片，更運用視覺傳達藝術與裝置藝術的專業理念，將祭臺布置成如同置身在天國，隨處可取滿地的鮮花水果，將往生者一生獨特的生活背景與成就，以最貼切的方式表現出來；讓來參加告別儀式的來賓，能莊重而容易地對亡者作最後一次緬懷與追思，更讓所有美好的記憶與滿室馨香的花果，一路伴隨著亡者走向瑰麗的天堂。

設計理念：因為好媽媽賣了四十年的水果，所以我們用各式五彩繽紛的新鮮水果、花藝作為設計主要素材，為媽媽裝扮一個美麗又獨特的個性化祭臺。再用燈光營造視覺空間，布置一個溫馨又優雅的會場，讓每一位來參加告別式的親戚朋友，都可以再次在追思走廊回憶追思，也使好媽媽的人生畢業典禮更臻完美。

告別儀式：追思紀念會—佛教
奠禮堂：高雄市殯儀館福德廳
座位：50位

追思走廊

② 張毛蓁蓁——真愛愛蓁

清秀佳人
端凝靜斂　美無遺憾──弘憲給蓁的讚美

「真愛愛蓁」是這個專案的主題，毛夫人一生宅心仁厚，參與社會各項公益活動，協助丈夫（建築師張弘憲）開拓建築事業，生前曾擔任亞美投資公司董事長、隆大營造公司監察人等職，各事業體均在夫人之薰陶下得以成長茁壯。

子女們更是在她的關愛教導之下，個個成就非凡，她的丈夫更是深情以待。在她丈夫的文章字裡行間中，無時無刻都可以感受到他對夫人深厚的摯愛，那種浪漫唯美的文字，在現今社會似乎已經不多了，看過的人無不深受文章內容所感動。

追思區

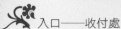
入口──收付處

（以下取自生平略歷其中一段文字——張弘憲給蓁的話）

「在這阻絕不再重返的日子裡，一切如果能夠重來，我將終生『要妳』『想妳』『愛妳』，我應該讓妳知道我是多麼在乎妳，妳是我永遠的情人，永遠的愛人，對妳的熱愛永不止息！」

真的！令人羨慕！好幸福，有一位這麼愛她、疼她、懂她的男人，毛夫人在天之靈一定也會感動、會微笑。

「讓生似春花般的燦爛，讓逝如落葉般的靜美。」

設計理念：整個追思會場的規劃設計，是用音樂會的方式及製作紀念光碟追思回顧著她的一生，用燈光、藝術、花卉——美麗的芍藥花為主軸（如她的富貴、優雅、恬靜），將其美麗的倩影（海報設計）烙印在每個人的心中，用蠟燭點亮心中的愛，用優美的旋律傳頌愛的祝福。讓整個追思會場沈浸在唯美、浪漫又溫馨的氛圍裡，讓追思會更有意義，並且讓這人生最後的舞臺，變得更加璀璨、瑰麗。

告別儀式：追思紀念會
奠禮堂：高雄市殯儀館景行廳
座位：680位

133

③ 豫棻妹妹

　　一顆顆粉紅與純白的氣球飛舞著，編織成各式各樣的造型，玫瑰帶領著花朵綻放著最甜美的香氣，Hello Kitty擔任最佳的來賓，出席豫棻妹妹的歡送Party，有紅、黃、綠的糖果招待您……。別忘了——寫下熟悉的回憶與芳名——請為豫棻妹妹點上一盞盞美麗的蠟燭，說出您對她的祝福。可愛的火車為她準備最好的禮物，乘載著她飛往快樂的旅程，她是幸福又快樂的小天使。隨著優美的音符翩翩飛舞，我們祝福她：安逸在美麗的星河裡。

　　設計理念：豫棻妹妹今年七歲，聰明可愛、個性開朗，喜愛Hello Kitty，雖然身體受到病毒的感染，但她還是堅強努力走完她的人生，在美麗的星河做快樂的小天使。

　　整個會場設計以溫馨、可愛營造一個Party歡送會，讓親友、長輩不再沈溺於悲傷的氛圍裡，而是歡送豫棻飛往快樂的天際。會場設計內容以氣球、花朵、燈光、音樂、相片設計，來做整體規劃，營造一場溫馨感人的歡送會。更特別的是：粉紅色Hello Kitty設計的棺木，擺脫傳統、富有創意獨到的個性化設計，讓人耳目一新，一點都不畏懼，讓追思會不只有創意，更加有意義。

告別儀式：告別追思歡送會
奠禮堂：臺南市殯儀館丙級廳
座位：50位

 李先生

　　前面提到5W1H的（When）時間的重要性（布置一場不可能的
任務），這就是一場跟時間賽跑的工作。

　　還有三天告別式就要開始，我們才剛討論著製作內容，每個
人路過高殯景行廳，總不忘停下腳步，看看這到底在做些什麼？
望著近一、二十個人忙進忙出像是在造一座花園。一座即將可容
納上千人以上的花園，就這樣於凌晨一點多完成，這幾乎是一項
不可能的任務，雖然辛苦，但大伙看著完成的作品，無不感到驕
傲！不只如此，還有歌星言承旭到場，聽說一掃大伙的疲憊呢！
太忙了！也沒注意，只專注會場的每一個細節、每一個角落是否
完美，當記者來到會場後，才知道李先生的背景大有來頭，而且

還教育出三位傑出的兒子，其中老二還是知名的國際雜誌創辦人呢！難怪群星聚集，所以會場的每一個角落設計（二兒子）都是要求高水準，要有特色、要自然、要像花園般一樣，讓來參加的人毫無壓力及忌諱，他希望父親的最後一程，不只莊嚴，更要瀟灑自在，這是他們子女覺得最後能再為父親做的一點點事情。

　　清晨天還未亮，景行廳的周圍已停滿了數不清的車輛，站在告別會場（景行廳）外面，有一種說不出的感動。想要用盡所有美的形容詞來注解一番，但內心盤旋了許久，想了想，就是「美」——一種舒服的美，一種溫馨的美，這就是禮儀的美學，一種真正的美學，眼前的這棵樹映著這突破傳統的造型牌樓——一張自然又和藹的海報牌樓。兩側的追思區更是聚集好友、親戚在此處回憶，聊起過去總有說不完的歡笑和話語，晨曦的陽光灑落金色光芒，停留在竹子與蝴蝶蘭之間的金光，閃閃發亮，充滿盎然的朝氣，每一棵植物、每一朵花都散發著淡淡的清香，吸引著蜂、蝶起舞。陣陣的樂音傳來，蟲鳴、鳥聲（音效營造）彷彿置身於一個天然的森林浴場深感清新、芬芳，每一朵花藝都有著不同動人的優雅姿態，讓人溫馨、感動。那種感覺久久縈繞心間，是一場讓人無法忘懷的追思告別紀念會。

　　祭臺瀟灑的影像，讓人並不覺得那是一張遺像，而是朋友熟悉的模樣，兩側的螢幕播放著一生的過往，懷恩輯（光碟）裡有歡笑、有回憶、還有父親的鼓勵，一幕幕烙印在子女心裡無法忘記。而每位親友、兄弟都帶著深深的祝福要來歡送，獻上一朵朵清香玫瑰花，希望可以渲染美麗的天際。

李先生一生為人豪爽重情意，在他的最後一程，不只有許多親朋好友來參加他的紀念會，他的義弟更為他布置一場溫馨感人的告別追思會，令子女們十分感動。

　　以下設計內容為「芳名錄」（贊助名單可以用更優美的方式來呈現，增加會場的質感）

但將 世事 花花看
　　　莫將心田草草耕
雲 淡 風 清 的 日 子
此 時　　憑 添 愁 緒 幾 許
這 是 我 最 後 能 為 您 做 的 事
如 同 今 日 為 您 裝 扮 的 式 場
人 生 如 同　　花 花 草 草
此 刻　　花 開 花 落
　　　深 厚 的 情 誼
　　　已 深 耕 在 我 倆 的 心 田
…… 吾 兄 …… 一 路 好 走 ……

告別儀式：追思紀念會
奠禮堂：高雄市殯儀館景行廳
座位：680位

像一座花園的告別會場

但將世事花花看
莫把心田草草耕

雲淡風清的日子
此時 憑添幾緒幾許
這是我最後能為您做的事
如同今日為您裝扮的式場
人生如同 花花草草
此刻 花開花落
深厚的情誼
已深耕在我倆心田
...敬愛吾兄...永別了
義弟 ▨▨▨

感謝摯愛的"義叔"讓父親在人
生最後一程更臻完美。
（本會場設計禪作佈置）
由 ▨▨▨▨▨▨
暨全體同仁
敬輓

在此獻上最誠摯的謝意
李男 ▨▨▨▨▨

2006‧MAY 2

 **史鴛只**

　　抬頭一望，乍看之下並不像是喪禮告別式，而是像一場溫柔婉約的聚會。站在告別式門口，沒有傳統制式的牌樓，只有感受到庭院裡的造景綠意盎然，立式牌樓顯得和藹可親（代替傳統牌樓）。從斜坡往回憶走廊一眼望去，高雅的絲綢，襯托出潔白的玫瑰，大方的展露出優雅的線條，如走在星光大道上，望著追思海報（浮生錄、家屬謝辭），彷彿回憶到過去，那曾經的點點滴滴，一幕幕歷歷在目，無法忘懷。穿過繁花拱門，一眼望去像是美麗的天際，內心無比的感動，因為這乃是最美的記憶。

　　那彷若仙境的會場裡，散發著淡淡清香的氣息，莊嚴的佛祖帶領著史老夫人安歇在慈光花園裡，愉快的悠遊那美麗的極樂世界。會場裡沒有傳統的花籃、走道花，而是灑滿大自然的白沙，陪襯著

淨水區

143

明亮高貴氣質的珍珠，飄浮蠟燭點亮我們心中的祝福，花語訴說著生命的風格，小橋流水像是一首歌牽引著美麗環扣，讓參加的親友心靈視野更加遼闊，一場完美的「禮儀美學」就此展開……。樂音響起……，在內心深處，家屬再次看到親人的尊嚴與優雅，這是多麼的安慰與美麗。

告別儀式：個性化設計—佛教
地點：高市景德廳（甲級廳）
尺寸：祭臺寬30尺*12尺
座位：150位

祭臺區

 告別會場

⑥ 葉添澄

　　那一年的冬季——是個難忘的節季，綿綿的細雨，訴說內心的思憶。

　　那是一場感性且觸動人心的告別追思音樂會，突破傳統、打破迷思；同時也是一場有質感的追思音樂會，擺脫制式的傳統思維，讓舉辦喪禮不再是著重孝服、奏哀樂、掛輓聯的形式表現，而是真真切切的為親人舉辦一場生命追思，一場亡者與親友的聚會！會場運用燈光營造、海報設計及硬體規劃，用詩句引導、用音樂感動、用影片回憶，整個會場環繞著「望春風」、「思慕的人」等旋律演奏，唱出葉老先生生前最愛的歌曲、樂音，讓親友們談論著與葉老先生共同譜寫的生活回憶。

　　一場結合視覺傳達藝術與交響樂的規劃設計，完美的呈現在溫馨的氛圍裡。

 告別會場──牌樓

　來賓簽名處

獻給我們最愛的父親

還記得16年前的某天深夜，突然被母親叫醒，看到母親恐慌無助的眼神，一陣恐懼不安的情緒頓時湧上心頭，趕緊衝進父母親的臥房，才發現父親跌坐在地上，此情此景雖已過16個年頭，猶歷歷在目。

家父自幼失怙，及長，隻身奮鬥，白手起家，幸賴各至親好友提拔鼓勵，勉有所成，身為他的子女與有榮焉。為感念家父一生奮鬥，勤儉省實，奉獻家庭社會不遺餘力。而今突然溘逝，讓身為子孫的我們萬分哀痛不捨，經家庭成員會商決議，為避免影響各至親好友過年氣氛，故於元月廿六日農曆年前舉行家祭儀式，先行火化奉厝，俟年後再發聞邀請各至親好友，以家父生前最喜歡之音樂陪他，送他最後一程。

爸爸 我們懷念您 我們想念您，我們希望永遠能像小孩般地擁抱著您！

我們感謝您送給我們一生最大最好的禮物，永遠以身作則，默默地影響我們，引領我們成為有用的人。

願您在天與媽媽共度新年

愛您　　想您　　　　　　　　　　　　　兒孫們

備註：整個流程的安排程序

因為介於農曆過年間，子女不希望打擾至親好友，所以希望大家過個好年，之後再舉行一場更有意義的告別追思音樂會來送別父親，在過年前子女們就先行把該有的習俗該做的事，先挑好

良時吉日完成，並用影片記錄剪輯，製作成精華篇；在告別追思
音樂會場呈現，讓親友了解子女並不會因為過年，就簡單舉辦，
而是更用心的按照習俗做完每一件事。也讓所有來參加的親友可
以更舒服、更無忌諱的參與，達到真正追思的目的，讓人生最後
的句點更加有意義。

 告別儀式：追思音樂會
禮廳：高雄縣勞工育樂中心
樂團：交響樂30人
策劃‧設計：自由風視覺傳達有限公司

⑦ 張簡金獅

從景德廳大門極目眺望，一副對聯寫著：

金磚四角建高樓
獅窯八角響雲霄

　　印象中紅磚窯好像是古老的地方才有，而且很多應該都變成古蹟了，但卻出現在告別會場，令人感到驚訝，望著一塊塊的紅磚，相信一定勾起很多人（四、五十歲的人）的記憶。隨著時代的變遷，很多磚窯已不復用了，看到紅磚一定會有好多人問為什麼設計這樣的磚窯呢？在5W1H我們談到「Why—為什麼」，主題來了，因為張簡金獅阿公在民國45年，臺灣經濟正處開發階段時，便將政府實施耕者有其田政策換得資金，投資設立高雄縣地區第一家製磚工廠，他創業眼光的獨到之處及勇於挑戰的毅力，

令許多人感到敬佩。

　　走入時光隧道，我們彷彿來到阿公當年建造的磚窯，每一塊磚窯都記錄著一段段雋永深刻的故事。眼前的觀音映著佛光，溫暖著追思會場，多麼的溫馨、多麼的親切，認識阿公的親友無不抱著歡喜的心來歡送阿公的最後一程。

　　一串串的蘭花隨風搖曳，對映著獨特的立式造型牌樓，綠色的植物各自展現最優雅的姿態，一幅像在林間的油畫，沿著兩側斜坡進入會場，一陣陣秋風飄來花香濃，眼前像白蝴蝶

般的野薑花，彷彿隨秋風翩翩起舞。走到追思回憶區，凝視海報上的蓮花，散發著美麗的光芒，時光拉回過去，快樂的點點滴滴，以及那許多美好的回憶與阿公叮嚀的話語，令子孫們無法忘記。

　　每個來參加告別追思會的親友，無不睜大眼睛仔細瞧，百合、玫瑰，紅的、白的、綠的，無不入映每個人的眼底，整個會場連空氣都散發著濃烈馥郁的香氣；蘭花不時的微微低俯，莊嚴大方的引導親友進入；祭臺上高貴的玫瑰，陪襯著萬花齊放的牡丹；竹林的祥和、安寧，伴著觀世音菩薩，感受到一股慈悲和慈藹；而野薑花依舊飄著幽香的氣息，翠綠飽滿的長春藤，飄逸優雅的展露微翹的髮梢，整個會場沈溺在追思感性的氛圍裡，讓禮儀不再是傳統形式，讓公祭不再是交代，而是可以學習，可以體驗不一樣的人生，可以看到亡者一生的奮鬥史。當一場完美的追思告別結束，你想為親人留下什麼？是一個烙印在心底難以忘懷的歷史。

告別儀式：個性化設計─佛教
地點：高市景德廳〈甲級廳〉
尺寸：祭臺寬33尺*12尺
座位：150位

Most beautiful

 Yvonne

　　柔柔的春光灑落滿地，霓彩的鳥兒吹奏美妙的歌曲，玫瑰綻放
著優雅濃郁的香氣，幸福的蝴蝶快樂飛舞在──美麗的天際。

　　一場優雅、溫馨的告別追思音樂會即將展開，再一次的檢查，
最後排練，所有工作人員準備迎接著這一場最美麗的序曲。一朵朵
紫色的夕霧花相互輝映，表現著最美的丰姿；粉粉的桔梗，由淺至
深，濛濛的氣質顯得嫵媚；玫瑰帶著芬芳傳送大地，一盞盞的燭
光、一片片的花瓣陪伴著Yvonne，乘著銀鶴的翅膀飛向虹彩仙境。
有最愛的史努比做伴，她並不孤單，有大家的祝福她會幸福美滿。

告別追思音樂會開始……，全體默思一分鐘。音樂輕輕的響起，每一個人靜靜的冥想曾經過往，這種感覺永生難忘。默思結束，接下來的點燈儀式——由弟妹手持蠟燭點燈祈福，為Yvonne點亮心中的那盞明燈，指引飛往佛光虹彩的道路。還有親友的祝福，一字一句訴說著彼此之間的故事，一段段的回憶，一篇篇最感動的祝福，無法忘懷的一幕。我們準備二首追思歌曲要一起回顧，在歌聲中我們更加知道原來我們的親情、友情是這麼的堅

固，我們把手中的玫瑰，隨著音樂弦律獻給最美麗的天使。

　　冀望Yvonne帶著馨香的花朵，滿溢的溫情，飛往美麗的天界裡。

告別儀式：追思音樂會
地點：高雄市永思堂
尺寸：祭臺寬12尺＊4尺
座位：50位

7 讓摯愛的人 更完美的走完人生

人世本無常，真實虛幻一瞬間，
我們往往忽視握在我們手中的情感，
直到它枯萎凋謝的剎那，才發現它的可貴。
於是發想、希望能將您的照片及隻字慧語，
用最美的方式呈現在眼底，
讓逝去的回憶，藉由執著與用心刻劃在心底。

人世本無常，真實虛幻一瞬間，我們往往忽視握在我們手中的情感，直到它枯萎凋謝的剎那，才發現它的可貴。

午夜夢迴時，總是在思憶的角落裡搜尋已離去的身影，翻箱倒櫃，只想找出些許的痕跡來清晰回憶，越是找尋越是貪婪，留下的並不足以滿足心靈。

遺憾未能替離去的您留下些什麼；害怕後代子孫忘了您，也許，能將回憶擺進照片專輯裡，讓自己替您留下足跡，讓後代子孫不會因為時光的流逝而忘了您的恩情。

感嘆回憶總在漫不經心中消失去，於是發想、希望能將您的照片及隻字慧語，用最美的方式呈現在眼底，讓逝去的回憶，藉由執著與用心刻劃在心底。

願陳舊的記憶，託—浮雲，捎去思念的消息。

去蕪存菁的蛻變

技高工業股份有限公司董事長　黃銘玉

幼時多次遭逢家族長輩過世，因年代甚久許多細節已不復記憶。唯獨出殯告別式中，家人披麻帶孝、撫棺哀泣、哭啼跪爬、夾雜著刺耳的嗩吶、鼓聲……讓我留下許多揮拂不去的惶恐與驚悸！

高三那年家母因病往生，告別式中，童年時的驚恐記憶又再次浮現。類似的場景與氛圍，我不禁納悶：家人如此哀傷，氣氛這般淒涼，面對哀痛逾恆的子女，媽媽怎能心安？又怎能走得開？

2004年家父辭世。我與內人執意將告別式定位為家人親友懷著歡喜心送老人家最後一程的儀式。希望是莊嚴肅穆、溫馨感人的，而非童年那些支離破碎的夢魘。因此我們以佛教徒海青作為孝服，以家父的生活照設計成藝術照大屏幕取代傳統遺照，用大自然方式造景布置祭臺（加上蟲鳴蛙叫聲），配上國樂作為背景音樂。清香繚繞中，家人不捨之情難免，兩頰清淚依舊。但在莊嚴的佛號聲中，相信父親應當能了無牽掛的往生極樂淨土！

自由風視覺傳達公司——何小姐的團隊，多年來對本土殯葬業的革新投注了許多心血，也許一路走得艱辛，但相信他們的理念不會孤獨。在傳統習俗逐日去蕪存菁的蛻變過程中，他們必定會領受到更多的共鳴和讚嘆！

創新中兼具傳統

高鳳國際物流股份有限公司總經理　葉桂垚

　　接到何小姐來函索取文章，雖然之前她已將她出書的構想告訴我，但去年所發生的事，還是在我腦海中浮現，歷歷在目，無限感傷的懷念已逝的雙親。短短三個月，兩位摯愛的雙親相繼遠離；情何以堪！

　　由於工作關係，經常有客戶親友的紅白帖必須參與。多年來每參加一次告別會，由開始到結束莫不千篇一律，早已習以為常。傳統習俗延襲至今，難道就不能有所反省改善甚或創新嗎？這個問題一直在我心中揮之不去，直到必須親自面對雙親告別至親好友之際，在徵得家人贊同之下，終於踏出改革的第一步作個嘗試——追思音樂會，在創新中又兼具傳統，在哀思中不失溫馨、唯美，藉由何小姐的幫忙終於做到了。也獲得來參加的至親好友肯定。

　　得知何小姐有意將她在職場上多年的經驗與心得整理成籍，付印成藉，以分享給同好與先進前輩，共同提升臺灣殯葬會場設計，使其成為一門專業美學課程。本人有幸能提供何小姐些許靈感、淺見與有榮焉，期待本書編輯出版之後，更能發揮教導啟迪之功，並祝福何小姐繼續發揮她的智慧在職場上發光發熱。

7

讓摯愛的人更完美的走完人生

分享母親的生命點滴

建築師 張弘憲長女　張嘉倫

　　生命的結束，我認為是另一段旅程的開始，人來到世上，各自精彩，有的轟轟烈烈、有的平淡無奇，最後仍是回歸大地、回歸自然。在佛教的領域，死亡是成為神仙雲遊四海，更高的修行則回到佛祖身邊，修行佛法；在基督教領域，死亡是回到天主身邊，果真是如此，難道不應該替逝者感到慶幸？從此不必在人間受苦受難？那麼，不更應該舉行歡送慶祝會？高興的歡送我們的親人及朋友?！

　　之前新聞中有則報導，一位牧師在蒙主恩召後，交代兒女要用愉快的心情面對，訃聞也顛覆傳統免去哀戚沈重的文字介紹，改用明信片方式與大家道別，告訴大家他要成為天使回到天主身邊，加上活潑生動的插畫，讓訃聞變得有趣詼諧不恐怖，這在許多長輩眼裡，實是離經背道，違背傳統禮教。但是，有誰能評定誰是誰非？哪樣才是正確的方式？在我眼裡，牧師的做法讓我看到了解脫與豁達，這才是真正的「放下」！有誰說喪禮一定要五子哭墓、披麻戴孝，搞得參加的人個個心情沈重 ？

　　在國外，外國人就是用愉快的告別聚餐會，親友們齊聚一堂，共同懷念逝者過去的一生，以及一些有趣或感動的回憶及所做過有意義的貢獻！另外，作家曹又方在得知她罹患癌症時，不也替自己先舉辦一場生前告別會，先和好友們聚聚說聲bye bye。因為她害怕真正在她喪禮時，她無法一一親自和大家道別。

　　藝人許瑋倫車禍往生，演藝圈同仁好友用追思音樂會的方式，追憶及歡送這位微笑天使。會場用了很多許瑋倫生前最愛的白玫瑰及用白玫瑰製成的小綿羊，藉此追思音樂會完成許瑋倫未完成的心願。音樂會上，歌手唱著許瑋倫最愛的歌，好友朗讀著寫給她的

信，現場放映著許瑋倫生前拍的MTV及戲劇遺作，整個會場溫馨、莊重，與歌迷們一同回憶這位美麗佳人，大家用微笑護送她最後一程，我認為用往生者最愛的方式來送她才是最棒的告別式。

這幾年來，大家對喪禮的儀式，已有新的思維，新的認識，我覺得是正面有意義的。如同家母往生時，我也是用追思告別紀念音樂會的方式呈現，擺脫舊式黃菊花、牌樓，我用了白、粉紅、粉紫等母親最愛的顏色，布置成花海，彷彿人間之假想天堂。天花板上映著七彩紙鶴與親友製作的一千隻紙鶴相呼應，像極了母親乘著紙鶴往天空飛去，告訴大家，母親現在已經脫離病痛， 快樂的在天上悠遊自在。

母親生前實現了我小女孩的夢想，替我辦了場浪漫的婚禮，我告訴自己，母親與父親年輕結婚時，因為沒有錢，所以沒能舉行盛大的婚禮，現在母親往生後，相對的，我要替母親辦一場漂亮隆重的喪禮。我們與自由風設計師非常用心地設計會場，有追思走道，上頭布滿白紗、玫瑰，以及母親生前所參加社團活動及擔任義工的照片，想告訴大家，她對這個社會付出過什麼？回饋過什麼？她的一生是有價值、有意義的！

訃聞方面，我們也與冠好討論，大膽用了紫色為封面，內容有父親追念母親所寫的詩句，我們小孩們所寫給母親的信及母親

與我們的生活照，配合我們現場播放的音樂VCD──
──有母親從小至大的照片、家庭照、生活照等。我
們甚至用了樂團，演奏母親最愛的歌曲，在音樂聲
的圍繞下，我們要和大家分享我們美麗有氣質的母
親，懷念她在人世間的點點滴滴。

　　母親的喪禮，最後呈現出溫馨且感性。我相信：
參加的人，一定也能感受到我們對母親的懷念與追
思，一點都不會感到害怕。

　　看到現在家屬對喪禮的重視與用心，相信一定會
有越來越多人發出共鳴！未來喪禮的革新及創新，
必定會有更大的突破，我樂見其成！

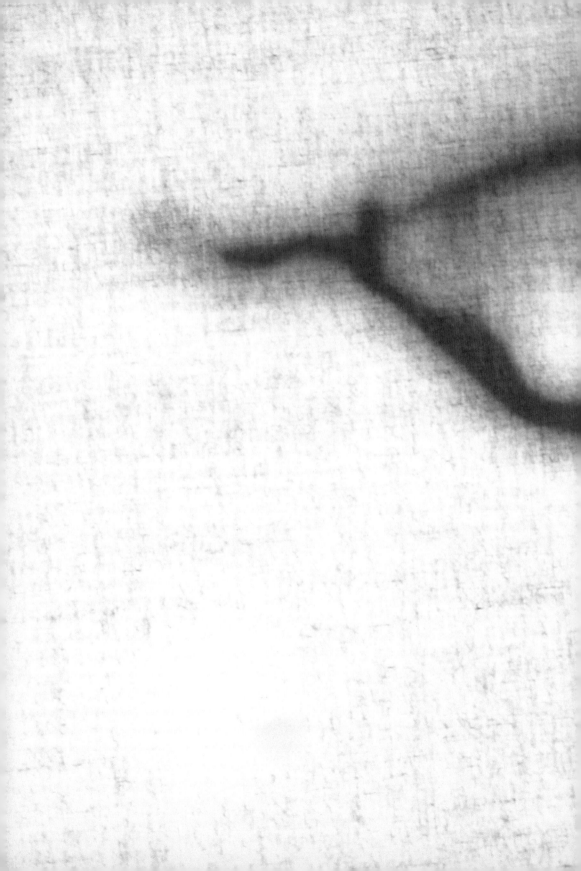

8 因緣際會的巧合⋯⋯ 冥冥之中

人會害怕是因為無知不懂，
但當了解生死原本就是自然的一種輪迴，
只要心存善念對得起自己的良知，就不會害怕忌諱
在從事的過程中，
當然也曾面對一些科學無法解釋的問題，
是巧合、是冥冥之中⋯⋯，
這一連串的故事都是我前所未有的，
更是讓我感受到「做好事就會有好報」的道理。

當我還未接觸禮儀美學的時候，跟一般人的想法一樣，感覺「殯儀館」是令人害怕的名詞，是一個非常陰森的地方，沒事最好別經過，因為不乾淨；如果一定要前往，請記得要帶榕樹葉，而且要七片或佛珠（長輩說的），聽說有避邪的效果。但現在的我，卻完全是兩種不同的心境。人會害怕是因為無知不懂，但當了解生死原本就是自然的一種輪迴，只要心存善念對得起自己的良知，就不會害怕忌諱。很多事若不是親身遭遇，就無法體會那份感覺。在從事的過程中，當然也曾面對一些科學無法解釋的問題，是巧合、是冥冥之中……，這一連串的故事都是我前所未有的，更是讓我感受到「做好事就會有好報」的道理。

母春暉手中慈

時人間多少思

值春暖花開時

王阿嬤──巧合

　　此時外面正下著綿綿的細雨，想起認識王阿嬤的過程歷歷在目，認識王阿嬤是一種緣分，更是一種無法形容的機緣。回想約四年前一個炎熱的下午，透過朋友介紹拜訪某一家禮儀公司的郭總經理，說時也巧，郭總手上正接一個案子，聽說這案子還滿大的，是一位大哥的母親，於是便帶著我們前往拜訪位於高雄市一家寺廟（在此豎靈）。家屬看著我們製作過的作品，即說可考慮看看，晚點再做決定。但當我們了解告別式的日期之後，心想還好他沒有要做，因為距離告別式只剩兩天的時間，說實在，真的好趕（心想好家在），於是我們收拾好公事包便回公司。但令我緊張的事情卻發生了，半夜十二點多手

機的鈴聲響著，心裡直覺告訴自己：放心！不會是那郭總打來的電話。但事與願違，的確是他！聽完電話的我，彷彿前方敵人在即，準備應戰，哪還睡得著呢？原來這位大哥他思考了一晚上，最後決定要製作、設計紀念光碟，因為這才能真正達到追思的意義。心想天一亮就只剩一天的時間，該怎麼做呢？但郭總卻說他們小弟已連夜趕夜車去臺北收集照片，明早請我到寺廟取相片。當我想拒絕的時候，郭總在電話裡最後一句竟是：「就算你現在說不做都不行，知道嗎？」……（大哥說的）。

此時真是無語問蒼天，接下一個燙手山芋就是要拚到底了。隔天，依約定時間到了寺廟，家屬早已把連夜從臺北拿下來的照片放置桌面開始整理，並解說每一張照片的內容及年代。照片還不少，想必阿嬤一定很幸福；裡面有她去了很多國家及和子女們拍攝的畫面，手裡挑著一張張的照片，突然眼前的一張照片令我感到很訝異，一時竟說不出話來，我緊張的請一同前往的同事看看這一張照片，但同事還以為我是問相片的解析度是否可以製作，他瞄了一眼便回

答：「這照片可以啊！」但我真是急了，我並非要他看人物，而是要他看相片裡面的背景及地點，我問他知不知道這是哪裡？結果同事一看，當場臉色發白，竟什麼也說不出話來。此時家屬看著我們兩人如此的反應，便問：「你倆怎麼了，有什麼不對嗎？你們認識裡面的人嗎？」我們真的不知該如何回答才好，我趕緊問家屬：「阿嬤在相片裡站著拍照的地點是哪裡？另一張於花園

中拍照的地點又是哪裡？」家屬異口同聲的回答：「家裡啊！以前的家，住了二十幾年的家門口及後院呀！有什麼不對嗎？」我與同事此時真不知道怎麼跟家屬回答，只是一股涼意由腳底直上到心頭，顫抖了一下。「哇！」一聲，「這地方正是我們公司目前的位置啊！」（相片裡的地方正好是我們的前門及後花園——都有阿嬤的倩影）

家屬再次異口同聲回應著：「簡直不敢相信，天底下哪有那麼巧的事呢？」阿嬤住二、三十年的房子，現在變成我們藝術工作（公司）的地方。難怪，我總覺得照片裡的背景好熟悉，似曾相識的感覺。就在這麼急、這麼趕的方式下認識了王阿嬤，但也

感謝阿嬤給我們這個機會，把她的一生用不同方式呈現在告別會場，讓更多人可以欣賞到不同風格的生平介紹，用另一種感性、溫馨的方式來表現，使得會場更添幾分的思憶與感動。

我們會記得、會思念阿嬤留給我們的回憶，同時也希望阿嬤有空回來看看您曾經走過的花園，還有我們這群愛好藝術的朋友，記得保佑我們一切順利——敬愛的阿嬤。

陳阿公與郭阿嬤──永恆的愛

　　入秋的風徐徐陣陣，想起昨夜的風狂雨驟，還真令人煩憂。還好，經過夜雨的洗滌、滋潤，大地變得乾淨，連清晨的空氣，都散發著清新的微香。花朵還沾著雨滴，蜜蜂竟急忙著飛舞採蜜；龍珠花展露著最嬌媚的手姿；百合放頌著馥郁的香氣；蓮花開啟生命的心靈；竹林和白衣觀世音菩薩的智慧與經文相遇；開始一場完美的告別追思回憶。還記得接到案件時的──匆促，忙著規劃設計，但直覺告訴我，應該怎麼做才是最完美。與家屬（陳大姊）談完內容、重點，開始創作，沒有多餘的時間談更細的章節。二天後，必須完成所有確定的設計成品，而陳大姊等待著，想要看到設計成果，因為昨天她才想到

爸爸最喜歡的白衣觀音，竟然忘了讓設計師知道，但礙於時間上的問題，她仍開不了口，怕一旦修改，又會來不及。就這樣，在一旁等待即將完成的設計稿。當陳大姊看著設計出來的構圖、設計稿時，她感動得說不出話來，因為她知道爸爸冥冥之中都在幫著她們。望著設計稿上的白衣觀音（我們真的很有默契，也好巧），她覺得好安慰，好開心，因為白衣觀世音菩薩一樣繼續陪伴著爸爸。雖然我們並沒有事先談好，但我們的心靈相通，這真是冥冥之中的安排，讓我們非常順心，做出彼此想要的東西，也安慰家屬悲傷的心靈。

但看著失去另外一伴的陳媽媽，心情似乎還沒完全平復，畢竟相處那麼久了，深厚的感情當然無法一時就放下，看她深情的凝望陳爸爸的照片，真的有一種說不出的感動。

愛情故事是不分年代、季節、地點，隨時都可發生的，古代有句名言：夫唱婦隨，不知用在這個愛情故事是否恰當。但當我再次聽到陳媽媽的訊息時（一個多月後），內心卻有一股說不出的酸痛，只能形容鶼鰈情深，如陳大姊說的：「爸爸說他在西方樂土準備好了，就會來接媽媽」，這句話令子女們非常的不捨。雖然如此，該做的事，我們還是要進行，陳媽媽的往生，讓子女們又要重來一次，拾起悲傷的心情，

處理該做的每一個細節，而原本與陳爸爸、陳媽媽就有心靈相通的陳大姊，在我們這次的討論裡，她便提出要我們找一尊金色觀世音菩薩，來搭配會場設計，因為陳大姊她看到，媽媽已快樂在美麗的天際、金色觀音的身旁，所以會場設計，她也要求要有金色觀音陪伴在媽媽身旁。但一般觀音好像比較少是金色的，所以必須努力的去尋找恰當的觀音佛像。找了兩天並沒有很適當的觀音佛像，正當煩惱之際，突然腦袋一閃，相機裡的檔案好像還有拍攝過的佛像檔案未使用，於是打了電話，要設計師馬上把這檔案打開，看是否有適合的觀音佛像可使用，結果真的有一尊金色觀世音叫「眾寶觀音」，呈自在座於岩石上，右手向地，左手放在彎膝上，現安穩像。「是心是佛，是心作佛，不假外求。」最珍貴的寶藏，不在身外，而是自性中的清淨佛性，心外求法，到頭來總是一場空。了知自家寶藏，心地自然祥和無諍，寧靜自在。

當下，我馬上與陳大姊聯繫，告訴她我找到了，明天下午便會把設計稿，拿給她看。回到公司開始討論著呈現的方式，而設計師也開始把這張佛像做處理，去背（專業處理），當設計師仔細的慢慢的在「眾寶觀音」身上去背處理，處理到一半（下方），因設計師想到一個方式轉身與我們討論，當她在轉回電腦前時，我們只聽到「啊！」的一聲尖叫，設計師的驚嚇，讓所有在辦公室的人都嚇了一跳！只聽到她說：「怎麼會這樣？」說也奇怪，一張完成一半的佛像，轉個身竟然完全去背完成，而且非常的細膩，把我們設計師嚇傻了，只聽見她頻頻問我們誰動過她的電腦，但事實上不可能啊！她坐在位子上，有誰可以不碰到她而去動她的電腦呢？更不可能在短短一分鐘內去背完成！我們分析過，用科學的角度來解釋，但真的不可能，因為我們的電腦根本沒有這樣的軟體，所以看她驚嚇的樣子，只好趕緊安慰她，因為妳太辛苦了，所以菩薩就幫忙妳

穿越 時空的

愛

晨曦初露
天邊一注微光
耳邊佛籟 微微傳送
百合馨香 隨堂芬芳

敬愛的父親帶領著母親
飛越那美麗的天際裡
安歇在佛祖的懷裡
～祝福您倆～
喜樂、安祥

囉！別想太多，但又想回來，這何嘗不是件好事呢？做得快又漂亮，又自動完成，這是不是菩薩顯靈呢？

隔天，當我把這件事告訴陳大姊，她非常的訝異，但她心裡想著，冥冥之中也許媽媽自己挑好了，因為陳媽媽早就安歇在「眾寶菩薩」的身旁，這一切的一切，都讓我們覺得好心會有好報，因為菩薩就幫了我們一個大忙。緊接著告別式的來臨，我們特別為陳媽媽製作紀念光碟，在會場播放，讓來參加的親友做最後一次的追思。清晨攝影師與播放人員已準備好，待命，等著家屬移靈過來。這時音控人員卻覺得螢幕上的畫面，似乎不太對勁，因為影片明明是用照片編排製作，而非動態實況影片，但照片裡的人物怎會比手畫腳呢？好像是在聊天似的，他揉了揉眼睛，心慌了，大聲叫攝影師——「阿偉……」，阿偉聽到突如其來的驚叫聲，快速轉身面向祭臺螢幕，但這時螢幕突然一陣閃爍，變得漆黑，阿偉心想：這下糟了，移靈的隊伍就在外面，快到了，怎麼突然螢幕不見了呢？（阿偉就看不到這樣的畫面）他趕緊上前幫忙，問音控人員怎麼一回事，音控人員不顧解釋便盡快處理，希望能使螢幕上的畫面正常，等到畫面出現照片正常，而移靈的隊伍也剛好進入會場，這時他們才鬆了一口氣。接著儀式開始進行，一直到順利圓滿完成，音控人員才對我們敘述剛剛發生的情況，明明就是靜態的照片，怎麼會出現兩人聊天、舉手的動作呢？他驚訝的說：「真的……哦！」

聽完他們的經歷，雖然訝異，但我卻覺得這可是件好事，因為陳媽媽真的已經和陳爸爸相聚在一起，且一同聊天了，而且又恢復以前的逍遙日子，快樂的在觀音佛祖身旁繼續他們的修行，讓子女們也感到安慰，祝福他們喜樂、安詳。也希望陳爸爸和陳媽媽在天之靈記得保佑您們的子女們，還有我們這群愛好藝術的朋友哦！

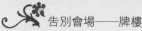 告別會場──牌樓

阿嬤不喜歡的畫像

　　喀嚓、喀嚓……，辦公室裡一如往常的作業著。在收到案件後，設計師們會立即進行案件處理，而平日例行處理的流程是遺照製作；完成品是將之製作為15吋大小並裝入精美相框裡。一般處理的原稿不外乎為兩吋半身照、生活照或檔案等；當然，難易度也以提供稿的完整性來衡量。

　　今早，設計部裡同時間共有三件遺照須受理，大夥正馬不停蹄的作業著。其中一件，原照是15吋大小的全身坐姿畫像，人頭是舊照片的翻製，身體則為畫像，整張原照看來並不完美；但家屬卻一直以找不到相片為由，而沒辦法提供其他的相片。我們為了使五官能更清楚呈現，只好放大取其半身為主。在與其他張遺照設計完成後，便以專業印像機準備同時輸出，以節省時間。

　　機器正唰唰……唰唰……的來回運轉著，待機器停頓下來後，正要拿起相片做後續處理時，赫然發現兩張相片同時輸出，竟有一張是空白的。令人比較匪夷所思的是：兩張照片都有設定外框邊，若是機器問題導致，應不至於一張完善，另一張卻空白，而空白的是框內的照片，黑邊框線卻還完整呈現。連忙測試了幾回，想找出科學所能解釋的原因，但後續以同機器輸出的別張照片，都是沒問題的，只有這一張還是不行。

　　接著，我與設計同仁們討論，覺得這張畫像人頭的舊照片要以原樣輸出，確實沒有比一般2吋照要來的好看（而且滿奇怪的），一致認為也許是相片中的阿嬤顯靈，她並不喜歡；希望能換一張照片，於是；把整件事情告知家屬（照片真的做不出來，沒辦法！）請家屬盡可能再翻看看有沒有其他照片可做；後來終於找到，拿新的相片重新做一次遺照設計，同機器輸出，竟一次便成功！（真是難以解釋）

　　無法以科學角度探討解決的，在工作室裡曾陸續出現過，也曾有過輸出的照片是：人物在、背景文字在，背景圖像卻呈空白等等事件（也許他不喜歡）。雖然有如此不可思議的經歷，但能有緣為這些亡者們盡這一棉薄之力，是所有工作同仁們一致認同的！

禮儀趣文

翻跟斗！ （笑話──如果笑不出來你給我打＾＾）

有一戶潘姓人家，長輩過世。

家祭時請來了一位鄉音很重的老先生來當司儀。

訃聞是這麼寫的：

孝男：潘根科

孝媳：池氏

孝孫女：潘良姿

孝孫：潘道時

但這位老先生老眼昏花又發音不標準。

當他照著訃聞唱名時，凡是字面上有三點水的都漏掉沒看

到。

於是就給他念成這樣子 ：

「孝男，翻…跟…斗…」（潘根科）

孝男一聽，直覺得奇怪，但又不敢不照做。

於是就翻了一個跟斗。

「孝媳，也…是…」（池氏）

孝媳一聽：「我也要翻啊？」

於是孝媳也翻了一個跟斗。

「孝孫女，翻兩次。」（潘良姿）

孫女一聽，想想爸媽都翻了，我也翻！

於是就翻了兩個跟斗。

此時孝孫心想：

「老爸老媽各翻一次，姐姐翻兩次，我要翻幾次？」

此時就開始緊張了，怎麼辦……。

只見老先生扯開喉嚨，大聲念出：

「孝孫…翻…到…死。」（潘道時）

摸大厝

人一往生準備的事情還真多，禮俗的名稱更是依地方的風俗而有所不同，一般做完「譴爽」之後，接著便要「接壽」，然後「入木」，有個喪家正準備「接壽」，禮儀師要每個家屬到外面迎接「大厝」也就是（棺木），這時工作人員把大厝（棺木）慢慢的推進屋內，而禮儀師也引導著家屬要摸大厝，然後慢慢的跟著走進來。突然，只見所有家屬（大大小小）雙手摸著他們自己家的牆壁（誤以為指的是自家的大厝〔房子〕），邊哭邊慢慢的摸進來，令在場的人真是看了……目瞪口呆……。

看完以上趣文是不是讓你有些感觸？從傳統到現代的殯儀，是不是提升了很多？還有哪些是我們專業人員需注意加強的呢？小小的趣文與讀者共享。

9 詩集

逃

造一座七色橋
存在人間與天堂通道
唱一首思念的曲調
以解開煩惱的煎熬
放開容顏歡笑
逃出時空的監牢
投向天使的懷抱
在夜深人靜時向天神祈禱
知道這一切將會變好

奇蹟的美麗

人海茫茫你我相遇——緣
珍惜這宇宙賜予我們的奇蹟
我們讚歎這美麗的島嶼
創造四季的始者
讓春、夏、秋、冬輪迴美麗
惜福——有人陪伴的光陰
呢喃你我的聲音——這一刻叫做回憶

思

晚風沈靜　暮色悄然無聲
林間飄來　一縷縷微颷

記憶猶新的樂音在心靈
意識喚醒　再次聆聽
那已飛走的夢境

滿眶淚滴　內心的話語再次響起
很愛　很愛你……

你是天空裡的一片雲
偶爾飄來一陣雨
搭起美麗的虹樓梯

用愛的色彩
用柔美的聲音
玫瑰的香氣
點粧這美麗的大地

祝福你飛越無盡天際
翱翔在美麗境界裡

再次凝視
花朵獻上芬芳氣息
千言萬語　道不盡一句「思念你」

聖詩

才德的婦人誰能得著呢
她的價值遠勝過珍珠
她的丈夫心裡依靠她
必不缺少利益
她一生使丈夫有益無損

她開口就發智慧
她舌上有仁慈的法則
她觀察家務
並不喫閒飯
她的兒女起來稱她有福
她的丈夫也稱讚她
說：才德的女子很多
惟獨你超過一切

箴言卅一：10-12, 26-29

10 用自己的方式向生命揮別

後記

　　兩年前在偶然的機會裡，我投入一項游走在「深情與絕情之間」的工作中——「告別式會場設計與規劃」。就因為如此、讓我開啟了生命中另一段領悟生命之旅。每回，當看見每一個人在面對人生的悲歡離合與生離死別時，許多人往往會不知所措，因而徒留些許遺憾，人們總是「猶疑」在傳統與現代觀念的交界點上！我們發現這是大部分人共同的弱點。

　　長久以來，我們一直在探討研究，要如何規劃這人生最後的畢業典禮？如何使過程更圓滿，讓親人感到安慰，而往生者也有尊嚴的走完人生最後一程。在這幾年實際參與期間，我發現我不知不覺的背負著很多人的「遺囑」，每一個希望用自己的方式向生命揮別的「遺囑」。在與每一個人談論間，有人希望我能幫她辦一場音樂告別會（一場感性且溫馨的告別音樂會），也有人希望以雞尾酒會的方式辦理（必須盛裝出席），更有人希望實現出書的夢想（已開始收集資料給我），還有人

想辦一場世紀回顧展，將自己生命裡最美麗也最驕傲的
身影存留在每一個人心目中。記憶最深刻的一位是，他
希望告別儀式在懸崖上舉行，讓風傳遞愛的消息，以樹
蔭為棚、落葉成毯，以海浪聲配樂，請海鷗當天使、彩
雲為過客，拈花為香，天地同證。當浪花湧起落下的那
一刻，將骨灰灑向蒼茫大海，與魚兒為伍，長相為伴，
一場與大自然謀合的告別式就此圓滿、喜樂。

　　在每個人獨特的方式裡，我找到答案。死亡並不可
怕，可怕的是不知如何去面對，當我們準備好一切時，
後人就不會因此而爭吵，尊嚴得以實現，人的價值可以
不滅，讓生命最後終程，呈現最豐富且精采的時刻，當
思考死亡，就是思考自己如何存在。

　　或許有人選擇逃避這樣的話題。你呢？是否你也想
好用什麼方式和生命揮別，而我也將前進——探索心哲
學，繼續思念憶百年……。

～遺囑範本參考～
用自己的方式向生命揮別

1. 我的名字 _____

2. 我的宗教 _____ 當這麼一天來臨，請按照我所
   指示的宗教為我舉行儀式。

3. 我所有財產的分配（包含：金飾、衣服〔香奈兒〕、
   車子〔BMW〕、還有我的寶貝狗狗、最重要的現金、最
   最重要的銀行密碼。）以下我會詳細說明。

4. 這是我用一生換來的資產，請你們一定要記住以下我留的
   這幾句重要的話（名言、座右銘）。

和你們相處是我這一生最快樂的時刻……

....

....

....

....

我愛你們　　　　　　　親筆

感恩時刻～一路上有您

the moment feeling grateful—Be with you

　　從事禮儀美學這行業，從接案到採訪、製作、完成，這整個過程讓我有很深、很深的體驗。古人有句名言：「虎死留皮，人死留名」，一直到接觸禮儀才深深體會這句話的涵義。

　　人的一生有的充滿傳奇故事，有的人平淡無味不知從何形容；但也有人充實過一生，而有些人卻虛度光陰。我遇到過一生最珍貴的，他們讓子女敬佩、孫子懷念、朋友不捨、親友讚頌，人的一生這樣就足夠了，不是嗎？常常在採訪過程中，聽到子女形容自己父母親時，就覺得他們好幸福、好幸運，有這樣的父母親，願意這麼的關心、疼愛他們，而但子女們也往往不知不覺的掉下眼淚。因為正當他們想要好好回報自己的父母親時，卻已來不及。所以，我常常會分享故事給我的朋友、同事，珍惜現在擁有的幸福，別忘了多陪陪自己的父母親。記得，歌手江惠有首歌的內容有這麼一段：「（台語）你若欲友孝世大嘸免等好額，世間有阿母惜的囝仔尚好命，嘸通等成功欲來接阿母住，阿母阿！已經無置遐，哭出聲無人惜命命」。聽起來好心酸、好感動，卻也形容的好貼切，事實上，真的有很多人忽略了自己身邊的幸福，失去了才後悔莫及。

　　很慶幸自己接觸到禮儀美學的工作，不僅有很大的發揮空

間，更是積陰德的好行業，在這一路走來，說來並不輕鬆，需面對形形色色的人，從產品的研發、市場的需求及人際關係的建立，每一個點、每一個面，都要很仔細很用心的觀察、面對，我不是專業的禮儀師，但我敢說，我是最用心、最專業的會場規劃設計師！我用我的時間、精神去研究、去探討，希望能做得更好，能為更多的人寫下他完美的句點。當然，還要謝謝許多的好伙伴及家人的體諒、業界朋友的指導，以及家屬的協助等等。

我更要感謝楊國柱教授的引薦，認識五南出版社惠娟，及一起創作的好伙伴，他們是：自由風視覺傳達有限公司總經理林照明、總監林進忠、製作統籌張簡旭笙、阮相彬、李文貴，攝影師康展維、林冠宏、吳政道，設計師顏碧玲、設計助理薛茗哲，執行蔡玉梅、林麗詩等，好友和豐禮儀總經理吳孟宗、游曉莉、國寶集團協理孫溪賓、龍巖人本南區處長陳順益、九龍副總張秀對、寂樓師姊、慧仁、秀菊、徐紀宏、佳慧及曾經協助我的朋友：素真、玉貞、嘉琪、思育、淑芬、沛軒、佩霞、一豪、小君謝謝你們，因為你們的協助，作品才得以完美呈現。

感謝一路走來，有緣的家屬，因為有你們的參與，才有這麼豐富的作品，得以呈現給更多人欣賞，進而提升台灣殯葬文化。在此向所有提供資料及照片、肖像權的（家屬）朋友們說聲謝謝！感謝你們讓這本書順利問市，相信你翻開此書，您

摯愛的親人一定也在虹彩天際靜靜的微笑，庇佑著大家身體健康、一切順利。

在這期間除了謝謝家人的照顧、體諒更要感謝我的母親，謝謝她為我做的一切，讓我無後顧之憂、全心全力的為理想而奮鬥。也要謝謝我的外婆，謝謝她給我的靈感及影響，並學習她非凡的特質及克服困難的勇氣，我想念她，並愛我的家人。

把愛傳出去……，一份真誠的愛要記得傳出去，一篇好的故事更要分享出來。還有好多來不及整理的資料、來不及記錄的文字，希望《最後的告別——個性化告別式會場規劃範例與設計》一書，是分享創新的一個開端。冀望接下來更多的作品、專業技能及創意，能盡快再次呈現給同學、專業人員及社會大眾，為殯葬禮儀美學注入一股新創作元素。

參考書目

1. 徐志摩詩選，《我是天空裡的一片雲》，格林文化，89年1月。

2. 楊國柱，〈台灣如何擺脫漢代厚葬文化的歷史宿命〉。

3. 瓊‧馬克、大衛‧安東尼克萊爾，《遠離家園》專輯。

4. 黃文博，《台灣人的生死學》，常民文化，89年8月。

5. 臺灣尋根網http://genealogy.hyweb.com.tw/index.jsp

6. 瑪莉蓮‧強森，《死也要上報！The Dead beat——訃聞裡的黑色幽默》，久周出版，96年3月。

7. 釋見介／著，釋見澈/繪，《和佛陀賞花去》，野人出版，94年4月。

8. 潘蜜拉‧克拉克‧基爾／著，陳美岑譯，《奧黛麗赫本》，臉譜出版，90年12月。

Note

國家圖書館出版品預行編目資料

個性化告別式會場規劃範例與設計／何冠
妤著. --初版.--臺北市：五南, 2007 [民96]
　　面；　公分 --(生死學；1B12)
ISBN 978-957-11-4903-5（平裝）
1.殯葬　2.喪禮
538.6　　　　　　　　96016150

1B12 生死學系列

個性化告別式會場規劃範例與設計

作　　者 ― 何冠妤(51.3)

發 行 人 ― 楊榮川

總 編 輯 ― 王翠華

主　　編 ― 陳姿穎

責任編輯 ― 黃麗玟

封面設計 ― 童安安

美術編輯 ― 吳麗雯

出 版 者 ― 五南圖書出版股份有限公司

地　　址：106台北市大安區和平東路二段339號4樓

電　　話：(02)2705-5066　傳　　真：(02)2706-6100

網　　址：http://www.wunan.com.tw

電子郵件：wunan@wunan.com.tw

劃撥帳號：01068953

戶　　名：五南圖書出版股份有限公司

法律顧問　林勝安律師務所　林勝安律師

出版日期　2007年 9 月初版一刷
　　　　　2017年 1 月初版二刷

定　　價　新臺幣430元